그대는 인생에서
무엇을 놓치고 있는가

이근오 엮음 세계철학전집 세종대왕편 VER. 008

그대는 인생에서
무엇을 놓치고 있는가

세종대왕

모티브

내가 꿈꾸는 태평성대는
백성이 하려고 하는 일을
원만하게 하는 세상이다.

-세종대왕-

세종대왕

1397.05.15 - 1450.04.08

세종대왕은 누구나 아는 위대한 왕이지요. 우리는 한글을 창제한 임금으로, 측우기를 만든 군주로, 《농사직설》을 편찬한 성군으로 그를 배웠습니다. 저 역시 어릴 적 수업 시간에 배운 정도로만 알고 있었습니다. 그래서 그저 머리가 비상하고 재능이 뛰어난 왕이라고 생각했지요.

그런데 자료를 찾아 읽어 보니, 생각이 많이 달라졌

습니다. 그의 업적은 단순히 똑똑해서 나온 결과가 아니었습니다. 백성이 왜 불편한지, 왜 억울한지, 나라가 어디에서 막히는지를 끊임없이 고민한 끝에 나온 결실이었습니다. 문제를 발견하면 그냥 넘기지 않았고, 답을 찾을 때까지 생각하고 또 생각했습니다. 그래서 한글도 나오고, 제도도 정비되고, 과학 기구도 만들어질 수 있었던 것입니다.

세종은 나라의 근본을 사람에게서 찾았습니다. 인재를 고를 때 능력보다 자질을 먼저 보았고, 한 번의 실수로 사람을 버리지 않았습니다. 부족함이 보이면 다른 길로 기회를 열어 주었고, 신하의 말이 거칠어도 그 안에 담긴 마음을 먼저 살폈습니다. 그는 모든 것을 직접 쥐고 통제하려는 군주가 아니라, 맡기고 믿을 줄 아는 군주였습니다. 그래서 그의 시대에는 실수를 숨기기보다 말할 수 있는 분위기가 있었고, 사람의 능력이 제대로 꽃필 수 있는 토양이 마련되었습니다.

이 책은 단순히 훈민정음을 만든 성군의 업적을 나열하려는 글이 아닙니다. 위와 같이 그가 어떤 시각으로 세상을 바라보았는지 더 본질적인 것들을 담았습니다. 그리고 지금 우리의 고민과 이어지는 생각들을 엮어 함께 글로 풀어냈습니다. 물론, 이 글을 읽는다고 세종대왕처럼 큰일을 해낼 수 있는 건 아니지만, 적어도 그의 시선으로 세상을 다시 한번 바라볼 수 있을 것 같습니다.

그럼, 세종대왕의 마음가짐이 따뜻한 글이 되어 오늘날의 언어로 와닿기를 바랍니다.

감사합니다.

- 엮은이, **이근오** -

차례

Chapter. 01 | 왜 사람부터 볼 줄 알아야 하는가

Chapter. 04 　힘은 어떻게 사용해야 하는가

Chapter. 05 　성장하는 사람은 무엇이 다른가

왜 사람부터
볼 줄 알아야 하는가

세종대왕

알게 하는 것과 통제하려는 것을 구분해라

아는 것이 힘이라는 말이 유독 더 와닿는 세상이 되었다. 그러나 오늘날처럼 언제든 알려면 알 수 있는 것과, 알고 싶어도 모르는 것은 전혀 다르다. 조선 시대 세종대왕은 백성들에게 율문(법)을 어디까지 알게 해야 하는가를 두고 이조판서 허조와 논의한 적이 있었다. 이때 세종대왕의 의견은 이러했다. "아무리 상황 판단이 되는 사람이라 해도, 법 조항에 따라 판단을 내린 뒤에야 죄의 경중을 알게 되거늘, 하물며 어리석은 백성이 어찌 죄를 범한 바가 크고 작음을 알아서 스스로 고치겠는가. 비록 백성들로 하여금 모든 법 조항을 알게 할 수는 없겠지만, 따로 큰 죄의 조항만이라도 뽑아 백성이 이해할 수 있는 말로 적으면 글을 배우지 못한 사람들조차 무엇을 하면 처벌받는지 알 수 있지 않겠느냐." 그러자 허조는 반대의 대답을 했다. "신은 폐단이 일어나지 않을지 두렵습니다. 간악한 백성이 진실로 법을 알게 되면, 죄의 크고 작은 것을 알게 되어 법을 제 마음대로 농간하는 무리가 일어날 것입니다."

그러나 세종대왕은 자신이 가진 직위와 힘을 이용해 백성을 다스리려고 하기보다는 백성이 스스로 깨닫기를 원했다. 그래서 그는 이렇게 말했다. "그렇다면, 백성에게 알지 못하게 하고, 죄를 범하게 하는 것이 옳겠느냐. 그들이 법을 알지 못하는데 그 범법한 자를 벌주게 되면, 그건 말만 바꾼 눈속임에 불과하다. 애초에 선대 임금들께서 법조문을 읽게 하라고 한 것은 모든 사람이 법을 알게 하려는 데 있었을 것이다. 그러니 그대들은 옛 기록을 살펴보고 충분히 논의해서 의견을 올리도록 하라." 당시 사람들은 법을 어겼을 때 강력히 처벌했지만, 정말로 그 법을 알고 있었는지는 잘 묻지 않았다. 사람이 고의로 잘못한 것과, 몰라서 잘못한 것은 전혀 다르기 때문이었다. 세종은 이 지점에서 멈춰서 생각한 것이다. 이런 그의 지혜는 오늘날 어떤 사람의 말을 듣고, 어떤 사람의 말을 듣지 말아야 하는지를 볼 수 있다.

우리는 경쟁 사회에서 살아가고 있다. 그러다 보니 무언가를 하게 될 때, 왜 그래야 하는지 어떤 것이 옳은 것인지 설명을 듣기보다는 남들보다 더 나아 보여야 하기에 "눈치껏" 알아서 잘하길 바라는 시선을 받아왔다. 그래서 이해가 되지 않거나, 설명이 필요한 부분에 대하여 설명을 요청할 때면 비교의 시선과 가시가 돋는 말을 듣게 된다. 그러나 생각해 보면, 그 경쟁 사회라는 잣대를 들이미는 곳에서도 누군가는 친절히 알려주고 잘잘못을 따지고, 누군가는 눈치껏 하길 바라며 잘잘못을 따진다. 경험으로 보건대, 허조처럼 상대에게 설명하기보다 눈치껏 하기를 바라는 사람은 자신의 권위가 밀리는 것을 두려워하거나, 타인을 도구로 대하는 사람이 대부분이었다. 반대로 세종대왕처럼 다정히 설명하고 그 이유를 말해주는 사람은 그 사람이 정말 잘되고, 오랫동안 함께하길 바라는 마음을 가진 사람이 대부분이었다. 그렇기에 우리는 이기적인 사람들의 말보다는 다정한 사람의 말을 경청해야 한다. "다 너를 위해서야", "지금 하는 거나 잘해"라며 알려주기를 싫어하는 사람의 말은 들을 필요가 없다는 말이다.

모른다는 이유로 사람을 압박하는 사회에서는 두려움을 만들고, 두려움이 커질수록 사람은 실수하지 않기위해 아무것도 시도하지 않게 된다. 그 순간 개인은 생각하는 존재가 아니라 지시에만 반응하는 존재로 변한다. 사람들은 엄격한 통제 속에서 성장한다고 믿지만, 실제로 성장을 만드는 것은 이해와 설명이다. 다그침은 복종을 만들고, 설명은 판단력을 만든다. 그래서 우리는 권위로 말하는 사람보다 세종대왕처럼 함께 성장하고 설명할 줄 아는 사람의 말에 귀를 귀울일 필요가 있다. 신기하게도 허조 같은 사람의 기준을 둔 사람이라면 마음은 편할 수도 있다. 그저 그의 말을 따르기만 하면 될 테니 말이다. 반대로 세종 같은 사람의 기준을 둔 사람이라면 마음은 불편하고 힘들 수도 있다. 내가 혼자 판단하고 그 책임을 져야 하기 때문이다. 그러나, 후일의 나를 돌아보았을 때, 전자의 사람 밑에 있는 사람은 변화가 없이 똑같을 것이고, 후자의 사람 밑에 있는 사람은 주체적으로 혼자 성장할 수 있는 사람이 되어 있을 것이다. 그러니, 어떤 사람의 말을 듣고 따라갈 것인지 잘 판단해 보길 바란다.

"그들이 법을 알지 못하는데 그 범법한 자를 벌주게 되면,
그건 말만 바꾼 눈속임에 불과하다."

002

문제를 말하는 사람과
문제를 해결하는 사람을 구분해라

유난히 말을 믿게 하는데도, 곁에 친구가 많은 사람이 있다. 그들의 이야기를 가만히 들어 보면 논리와 근거가 꽤 타당하다. 그래서 사람은 믿게 느껴지면서도, 그 외에는 특별히 문제를 느끼지 못하니 관계를 오래도록 유지하게 된다. 하지만 한 가지는 분명히 구분할 필요가 있다. 논리적인 말로 기분을 상하게 하는 사람은 해결책을 제시하는 것이 아니라, 잘못된 점을 지적하는 경우가 많다는 것이다. 만약 해결책이 함께 제안

되었다면, 불쾌함보다는 "이런 부분이 부족했구나"라는 생각으로 이어지기 쉽다. 같은 지적질이라도 말하고자 하는 방향이 다르면 받아들이는 감정도 달라진다. 그래서 말을 믿게 하는 사람에 대해서는 조금은 조심할 필요가 있다. 그렇게 자신의 말의 타당함을 증명하고 나면, 그 논리를 근거로 자신의 말을 따라야 한다는 식으로 타인을 조종하려 하기 때문이다. 문제는 귀가 얇거나 착한 사람들은 "그래도 저 사람은 솔직해서 믿을 만해"라고 생각한다. 하지만 맞는 말과 도움이 되는 말은 다르다. 만약 당신이 사람을 잘 믿는 사람이거나, 저런 사람에게 가스라이팅을 당하고 있다면, 세종대왕이 경연에서 토론한 내용을 보면 생각이 조금 달라질 것이다.

먼저, 경연은 왕과 신하가 함께 책을 읽고 정치를 논하는 자리이다. 어느 날 신하 변계량과 세종은 중국 고전 『시경』의 〈빈풍·칠월 편〉을 읽고 경연을 한 적이 있었다. 이 시는 한 해 열두 달 동안 농민들의 삶을 보며, 농사일의 고됨과 계절의 추위, 배고픔과 궁핍함을 생생하게 담아낸 작품이다. 이는 백성의 현실을 사실적으로 그려냈다는 점에서 오랫동안 높이 평가받아 온 시였다. 그러나 세종은 이 시를 읽고 다른 반응을 보였다. "칠월 편은 백성의 가난한 것만을 갖추어 말했고, 해결 방법은 말하지 아니하였으니, 장차 무슨 술책으로 해 나간단 말이냐." 그는 시를 읽고 표현이나 묘사에 탄식하기보다는 구체적인 대책이 없음을 안타까워했다. 이는 매우 혀를 찌르는 말이다. 현실의 고통을 지적하는 것은 누구나 할 수 있다. 무엇이 잘못됐는지, 어디에 문제가 있는지 불만을 늘어놓는 것은 어렵지 않다. 그래서 많은 이들이 불평불만을 쉽게 한다. 그런데 이런 불만을 토로하는 이들 중 대다수는 '해결책'을 말하라고 하면 아무 말도 하지 못한다.

우리가 중요하게 봐야 할 것은 이런 태도이다. 지배하는 사람과 지배당하는 사람, 지시하는 사람과 그 말을 따르는 사람, 선택권이 있는 사람과 없는 사람의 차이는 바로 여기에서 갈리기 때문이다. 학교에서, 가정에서, 회사에서 무엇이 잘못되었는지 불평불만을 가장 많이 하는 사람은 책임지지 않는 위치에 있다. 반면, 문제를 비난하기보다 해결 방안을 찾고, 그것을 실제로 실행하려 하는 사람은 대부분 책임이 있는 자리에 있다. 누군가는 위로 올라가고, 누군가는 제자리에 머무는 이유도 여기에 있다. 더 똑똑해서가 아니라, 문제를 인식한 뒤 그것을 가십거리로 여기느냐, 아니면 더 나은 방향을 고민하느냐의 차이인 것이다.

그래서 우리는 부정적인 것들을 논리적으로 말하는 사람을 믿기보다, 그 해결책을 건네는 사람을 따라야 하고 또 그런 사람이 되어야 한다. 물론 해결책을 내놓는 일은 쉽지 않다. 차라리 문제점만 지적하며 가만히 있는 편이 덜 웃음거리가 될 수도 있다. 그러나 세종이 바라보는 시각처럼, 진짜로 성장하는 사람은 그런 것에 머물지 않는다. 비난보다 대책을 생각하고, 말보다 어떻게 행동할지를 고민한다. 설령 그 해결책이 당장 실현 가능하지 않거나 완벽한 답이 아닐지라도, 그 가능성을 고민하고 대안을 제시하는 것 자체가 이미 해내는 사람의 마인드이기 때문이다. 논리는 사람을 이길 수 있어도 해결책은 사람을 움직인다. 지적은 우위를 만들 수는 있어도 대안은 변화를 만든다. 그래서 세상을 바꾸는 것은 언제나 비판이 아니라 해결책이다. 그러니, 무엇이 문제인지 말하는 사람이 아니라, 무엇을 할 수 있는지 고민하는 사람들을 따르고, 당신도 그런 해내는 마인드를 갖고 살아간다면 더할 나위 없을 것이다.

**"해결 방법은 말하지 아니하였으니,
장차 무슨 술책으로 해 나간단 말이냐."**

003

'누가 예민한가'가 아니라 '무엇이 잘못되었는가'를 보라

유독 같이 있다 보면 "내가 예민한 건가?"라는 생각이 들게 하는 사람이 있다. 분명 마음을 상하게 하는 말임에도, 그 문제를 따지고 들려 하면, 아무것도 아닌 일인 것처럼 말해 나를 예민한 사람으로 만든다. 그래서 이런 사람과 함께하고 나면 유난히 지치게 된다. 하지만 계속해서 지치게 만드는 관계는, 진지하게 생각해 보아야 하는 관계이다. 세종대왕도 이런 사람에게 단호하게 선을 그었던 적이 있었다.

어느 날 형조(법무부)가 형벌을 집행하는 과정에서 엉덩이를 한두 대 더 때린 일이 있었다. 그런데 어떤 사람이 이를 문제 삼아 신문고를 울리며 다시 고발했다. 이에 형조판서인 김점은 부하를 감싸고 사건을 끝내게 해 달라고 강하게 호소했다. 이때 김점은 실수는 사소한 일이라 말하고, 문제를 제기한 사람은 과한 사람으로 몰아가며 억울함을 호소했다. 그때 세종대왕은 이렇게 말했다. "비록 한두 대의 형벌일지라도, 그릇되었다면 책임이 없을 수는 없다. 또 아직 결론이 나지 않은 일이라면, 감정이나 체면이 아니라, 사실을 끝까지 살펴 마무리하라." 세종대왕이 이 사건에 기준을 둔 곳은 '누가 예민한가'가 아니라, '무엇이 잘못되었는가'였다. 사소해 보이는 일이라도 잘못은 잘못이며, 불편함을 느꼈다는 사실 자체가 가볍게 취급되어서는 안 된다고 보았던 것이다.

우리는 이런 판단을 할 줄 알아야 한다. 김점처럼 자신의 잘못을 사과하기 싫어하는 사람은 잘못을 실수라 말하고, 타인을 예민한 사람으로 치부해 논점을 흐리기 때문이다. 그러나 정확한 건, 내가 농담을 하거나, 장난을 쳤을 때 상대방이 싫어한다면 그것을 예민함으로 치부해야 할 것이 아니라, "이것을 싫어하는구나. 다음부터 조심해야겠다."라고 생각하는 것이 맞는 사고방식이다. 그게 존중이자, 관계를 이어가려는 마음을 가진 사람의 태도다. 인간관계를 판단할 때 중요한 기준은, '얼마나 나답게 있을 수 있는가'이다. 좋은 관계는 나를 더 단단하게 만들지만, 나쁜 관계는 이유 없이 나를 작게 만든다. 그러니 누군가와 함께 있을수록 마음이 편해지기보다 계속 설명해야 하고, 조심해야 하고, 스스로를 낮추게 된다면 구태여 그 관계를 유지하려 노력하지는 말자. 이런 관계에서 멀어진다는 것은 당신이 예민하다는 것을 인정하는 게 아닌, 당신의 감정을 가볍게 여겨온 관계를 바로잡는 것이다.

"비록 한두 대의 형벌일지라도,
그릇되었다면 책임이 없을 수는 없다."

004

가장 악한 자는
선인의 얼굴을 하고 온다

인간관계에서 가장 헷갈리는 순간은, 악인이 선한 얼굴을 하고 다가올 때다. 평소에는 좋은 사람 같다가도, 중요한 순간에 항상 다른 얼굴을 드러내기 때문이다. 악인은 처음부터 나쁜 얼굴을 하고 올 거라 생각하지만, 처음부터 고의적으로 드러내지 않는다. 말투는 공손하고, 웃음은 상냥하며, 선인의 얼굴을 하고 다가온다. 하지만 시간이 지나면 점점 이상한 점을 느끼게 된다. 그들 주변에는 항상 '나쁜 사람들'이 있고, 자신은 늘 '불운한 피해자'라는 점이다. 자신이 관계를 망친 적은 단 한 번도 없고, 모든 문제의 원인은 타인에게 있다고 생각한다. 그래서 자신의 잘못을 말하기보다, 타인의 잘못만 말하는데 사실 타인만 잘못했다기보다는 자신이 선한 얼굴로 다가와 친해지고, 천천히 선을 넘으며 본심을 드러내니까 상대방이 그를 멀리한 것일 때가 대부분이다. 그런데 자신이 피해자인 척 말한다. 하지만 진짜 선한 사람은 다르다. 자신의 잘못으로 인해 타인이 피해 보게 되진 않았는지 미안해하며, 타인의 행동도 잘못되었다고 말하지만 자신 또한 너무 무례하진 않았는지 조언을 구한다.

그래서 세종은 선인의 얼굴을 한 악인을 이렇게 말했다. "겉으로 공손하나 속으로 간사한 자를 가장 경계해야 한다." 이런 세종의 통찰은 예나 지금이나 여전히 유효하다. 그가 경계했던 것은 단순히 악한 사람이 아니라, 선함을 가장한 채 타인을 이용하는 사람이다. 이들은 자신의 이익을 위해 관계를 도구로 삼고, 책임은 회피하면서도 자신은 좋은 사람이 되려고만 한다. 그래서 늘 끝이 좋지 않다. 세종은 이런 사람을 알아보기 위해 이렇게 해야 한다고 말했다. "말로 사람을 알 수 없고, 일을 맡겨 보아야 비로소 알 수 있다." 일을 맡긴다는 것은 일만 해당하는 것이 아니다. 선택할 힘을 주는 것이고, 이익과 불편함을 함께 감당할 자리를 내어주는 것이다.

　사람은 자신이 통제할 수 있다고 생각되는 순간 본심을 드러낸다. 그래서 사람의 본심을 가장 빠르게 아는 방법은 시험하거나, 몰아붙이는 것이 아닌, 한 번 믿어주고, 한 번 맡겨보고, 한 번 잘해주는 것이다. 그 호의를 어떻게 받아들이는지, 그 자리를 어떻게 사용하는지를 보면 그 사람의 진짜 본모습이 드러나게 되어 있다. 그러니, 상대의 진심을 알고 싶다면 잘해주며 보고 또 봐라. 인면수심(사람의 얼굴을 하고 짐승의 마음을 가짐)인 자를 고르고 또 골라내야 하는 게 사람이다. 사람을 판단하는 기준은 그가 어떤 말을 하느냐가 아니라, 통제력을 쥐었을 때 어떤 태도를 보이느냐에 있다. 선한 사람은 힘을 얻었을 때 더 겸손해지고, 악한 사람은 힘을 얻었을 때 본색을 드러낼 것이다.

"겉으로 공손하나

속으로 간사한 자를 가장 경계해야 한다."

005

속 좁고 간사한 자들의 말에 흔들리지 마라

남을 험담하기를 좋아하지만 대놓고 말하지 못하는 사람이 있다. 이런 사람들이 묘하게 반복하는 말버릇이 있는데 그건 "누가 그러더라.", "다들 그렇게 말하던데", "너 좀 안 좋은 얘기가 돌아"라고 말하는 것이다. 전부 나를 위한 말 같지만, 이 표현들의 공통점은 누구의 말인지 정확하게 밝히지도 않으면서, 상대에게 대놓고 안좋은 말을 한다는 것이다. 이렇게 말하는 사람의 대부분은 그 말에 동의하거나, 자신이 하고 싶은 말을 돌려 말할 가능성이 크다. 그래서 이렇게 애매모호하게 말하는 사람은 내 편이라 생각하며 들어줄 필요가 없다. 정말 나를 생각했다면 "그 사람이 너에 대해 이런 부분은 아쉽다고 하더라. 내가 봤을 때도 조금만 고치면 더 좋아질 것 같다." 이런 식의 말이 나왔을 것이다. 책임이 담긴 말은 막연한 평가가 아니라, 무엇이 문제인지 분명히 짚고 그 말에 진심을 담는다.

세종도 이런 책임 없는 말에 못을 박아 말한 사건이 있었다. 어느 날 첨지중추원사 송취가 세종에게 말했다. "이전에는 사헌부에서 소문이 있으면, 비록 그 사람을 바로 지목하지 아니하더라도 범행한 자는 고발하였사온데, 이제 특명으로 그 사람을 바로 지목하게 하였사오니, 만일 그리하오면 범죄한 자가 모두 본부에 원한을 품을 것이오니 예전 관례대로 시행하게 하소서." 이 말을 들은 세종은 말했다. "막연히 들은 말을 근거로 고발하면서 정작 그 사람을 바로 지목하지 않는 것은, 이는 속이 좁고, 간사한 자들이 하는 짓이며 법으로

서 바른 방식이 아니다. 말할 책임이 있는 자라면 의리에 마땅히 규탄해야 하며, 죽음을 맞더라도 피해서는 안 된다. 어찌 후환을 꺼리겠는가. 또한 '원한을 맺게 된다'는 말은 임금에게 직언하고 비판하는 역할을 맡은 관리가 입에 올릴 말이 아니다." 세종은 명확히 했다. 비판하려거든 자신을 정확하게 밝히고 그 말의 책임도 져야 한다고 말이다. 이처럼 누군가에게 책임 없는 말을 들었을 때 취할 수 있는 가장 현명한 태도는 확실하게 드러내는 것이다.

"누가 그렇게 말했는데요?" "구체적으로 어떤 얘기가 도는 건가요?" "그 말에 대해 당신은 어떻게 생각하세요?" 이런 질문들은 상대방에게 책임을 지게 만드는데 대부분의 경우, 이렇게 물으면 말을 흐리거나 "그냥 들은 얘기인데..."라며 슬그머니 빠져나가려 한다. 그것이 바로 그들의 본심이다. 정작 자신은 책임지고 싶지 않으면서, 상대에게 상처 주고 싶은 말만 하려는 것이다. 책임 없는 비판은 언제나 정의의 얼굴을 하고 나타난다. 그러나 그런 말들은 상처를 주기 위한 말이기에 아무것도 바로잡지 못한다. 정말 옳다고 믿는다면 숨지 말고 드러내야 한다. 드러나지 않는 정의는 존재할 수 없고, 책임지지 않는 비판은 결코 신뢰를 만들지 못한다. 만약 당신 주변에 "누가 그러더라"라는 말을 습관처럼 반복하는 사람이 있다면, 그 사람이 과연 당신 편인지 한 번쯤은 차분히 돌아볼 필요가 있다. 진정으로 당신을 아끼는 사람은 막연한 타인의 말을 빌리지 않는다. 대신 "나는 이렇게 생각한다"고 책임 있게 말하지, 남의 말을 들먹이며 당신을 불안하게 만들지 않는다. 그러니 가치가 없는 말에 쓸데 없이 귀 기울여서 주눅 들지 말자. 그건 대놓고 말하지 못하는 속 좁고 간사한 자들이 하는 말일 뿐이다.

"막연히 들은 말을 근거로 탄핵하면서
정작 그 사람을 바로 지목하지 않는 것은,
이는 속이 좁고 간사한 자들이 하는 짓이다."

006

잘 보이고 싶은 마음이
때로는 독이 된다

조선은 자주적인 국가였으나, 명나라와 외교적 '사대
관계'를 맺고 있었다. 이런 관계 속에서 외교 실무를 맡
은 신하 김점은 명나라 황제가 이름을 붙여 준 음악인
'가곡'을 조선의 '속악'과 섞어 명나라 사신에게 들려
주자 건의한 적이 있었다. 이 문제를 놓고 그 실효성과
의미를 따져 보며 답하는 자리에서 세종대왕은 이렇
게 말했다. "그저 높여 두는 것은 가하거니와, 굳이 함
께 섞어 연주할 필요가 있겠느냐." 존중은 필요하지만,

보여 주기 위한 과시나 형식적 교류까지 할 필요는 없다는 판단이었다. 또한 서로 다른 음악 체계와 감각을 고려해 "비록 연주한다 하더라도 성음이 다르니, 사신이 반드시 이해하지 못할 수도 있는데 무슨 이익이 있겠느냐."고 말했다. 세종대왕은 사대할 때 겉으로는 낮추되, 굴복하지 않으려고 했다. 외교에서 가장 중요한 것은 상대에게 잘 보이는 것이 아닌, 주도권을 잃지 않는 것이기 때문이다. 외교는 나라와 나라 사이에 오가는 것이기도 하지만, 결국 사람과 사람 사이의 관계 위에서 이루어지는 일이다. 그 결정권자가 기분이 좋으면 더한 것을 얻을 수도 있고, 그 기분이 안 좋으면 더한 것을 잃을 수 있는 게 외교다. 그래서 형식과 아부만 남은 예는 관계를 공고히 하기보다, 오히려 갑을 관계가 될 수 있다. 세종대왕은 교류의 목적이 보여 주는 데 있지 않고, 그들이 이해할 수 있는지와 또 적당한 선을 지키려 했던 것이다.

이런 그의 통찰력은 사실, 외교뿐만 아니라 인간관계

에서도 매우 중요하다. 사람은 자신이 상대방보다 낫다고 생각하거나, 타인이 나를 그렇게 인정한다고 판단하면, 상대방과의 관계에서 아쉬워하지 않는 마음을 가지게 된다. 그럼, 존중보다는 우월감이 자리를 잡고, 자신을 향한 호의라고 생각하기보다는 당연한 행동으로 여기게 된다. 즉, 외교처럼 한쪽으로 기우는 순간, 갑과 을이 생기기 때문에 인간관계는 서로가 노력하는 관계가 좋다. 물론, 떠날 사람은 떠나고 남을 사람은 남는 것을 보았을 때, 관계는 노력 없이도 이어지는 것이라 생각할 수도 있다.

하지만 좋은 관계란, 서로가 서로를 아낌에서 나오는 노력에서 자연스럽게 스며드는 관계다. 둘 중 하나가 아무 배려를 하지 않고, 한쪽만 주는 관계는 아낌없이 주는 사랑이라 해도 언젠가는 실망감과 배신감을 느끼게 되어 있다. 그래서 이런 관계를 만들지 않기 위해 중요한 건, 처음부터 스스로를 과하게 낮추지 않는 것이다. 겸손과 자기 비하는 다르다. 겸손은 자신의 부족함을 알고 자신보다 뛰어난 자들이 있음을 받아들이는 자세이지, 스스로를 비하하기 위한 행동이 아니다. 그렇기에 상대를 존중한다는 이유로 나의 기준과 감정까지 함께 내려놓지 않아야 한다. 아무리 그 사람이 좋고 나보다 잘나더라도, 존중은 하고 또 겸손은 하되, 굳이 타인에게 맞춰가면서까지 자신을 낮추지 않도록 하자.

"그저 높여 두는 것은 가하거니와,

굳이 함께 섞어 연주할 필요가 있겠느냐."

007

변하는 것이 아니라
물드는 것이다

세종이 아침 회의에서 신하들에게 이런 말을 했다. "사신으로 온 '범영' 같은 자들의 태도를 보니 참으로 못났다. 황제가 굳이 내관(황제를 가까이에서 보좌하던 남성 시종)까지 보내지 않고, 이들에게 직접 전달하게 한 것은 쓸데없는 폐단을 줄이려는 배려였는데, 이들은 이 뜻을 돌아보지 않고 조그마한 이익을 위하여 여러 번 입을 여니, 참으로 저잣거리의 경박한 무리 같도다." 이에 허조가 이렇게 답했다. "옛 기록인 《사기》에 보면, 조

선은 원래 도둑이 없는 나라였지만, 요동과 맞닿은 변
경 지역은 그 영향으로 점점 물들어 도둑이 생겼다고
했습니다. 대체로 요동 사람들은 예부터 탐욕스럽고 인
색한 성향이 있었습니다." 그러자 임금은 "그렇다. 나도
《사기》에 그런 말이 있는 것을 알고 있다."라고 말했다.

정말 틀린 거 하나 없다. "근묵자흑(近墨者黑)", 먹(墨)
을 가까이하면 나 또한 검어진다. 부정적인 말이 가득
한 곳에 오래 머물면 생각이 거칠어지고, 냉소적인 사
람들 사이에 있으면 어느새 나 또한 모든 것을 의심하
게 된다. 이는 변한 것이 아니라 조용히 물든 것이다.
우리는 "나는 달라"라고 생각하지만, 물은 결국 담긴 그
릇의 모양을 따른다. 항아리에 담기면 항아리의 모양으
로 변하고, 물잔에 따르면 물잔의 모양으로 변한다. 아
무리 단단한 돌도 오랜 세월 물에 씻기면 둥글어진다.
사람의 성품과 생각도 주변의 흐름 속에서 서서히 형
태가 바뀌게 된다. 이것이 두려운 이유는 그 변화가 너
무 느려서, 정작 자신은 알아채지 못한다는 것이다. 그

래서 그곳에 물들고 싶지 않다면 '내 곁의 사람들은 나를 더 나은 방향으로 이끄는지, 아니면 조금씩 낮은 곳으로 끌어내리고 있는지' 살펴봐야 한다.

그리고 나를 낮은 곳으로 끌어내리고 있다면 당장 그곳에서 떠나야 할 것이다. 그 이유는 민물고기는 바다에서 살 수 없고, 바닷물고기는 민물에서 살 수 없듯이, 똑같은 물고기일지라도 한 곳에서는 살 수 없는 법이다. 사람도 이와 같다. 자신에게 맞지 않는 곳에서는 절대 행복하게 살 수 없다. 떠나기까지 1년이 걸리든, 10년이 걸리든 맞지 않는 사람은 그곳에서 떠나야 자신답게 헤엄치며 살 수 있게 된다. 그러니 맞지 않는다면 그곳에서 한시라도 빨리 멀어져라. 오히려 맞지 않는 곳에 버티고 버티다 보면 당신만 물들다가 결국 자신을 잃게 될 것이다.

**"요동과 맞닿은 변경 지역은 그 영향으로
점점 물들어 도둑이 생겼다고 했습니다."**

Chapter. 02

사람의 마음은
어떻게 얻는가

세종대왕

신임을 어떻게 얻는가

가끔 보면 "쟨 진짜 뭘 하든 되겠다" 싶은 생각이 드는 사람을 만나게 된다. 그들을 보면 말이 많지도 않고, 자신을 증명하려 애쓰지도 않는데, 그럼에도 말이나 태도에서 믿고 싶은 마음이 생긴다. 보통 이런 사람들을 신의가 두터운 사람이라고 말하는데 이들이 신의가 두터운 이유는 자신이 했던 말을 지키고, 어떻게든 해내려는 믿음직스러운 모습을 보여주기 때문이다. 세종대왕도 이런 신의를 정말 중요하게 여겼다. 그가 신의를 얼마나 중요하게 보는지 알 수 있었던 사건이 있었다. 나라의 중대한 공식적인 일이 끝난 뒤, 이를 기념하여 죄수를 사면한 일이 있었는데 그 과정에서 아버지를 해치려 한 죄인까지 사면 대상에 포함한 것이었다. 이를 두고 신하들이 "사면해서는 안 된다"라고 강하게 반대했다. 그러나 세종대왕은 "사령이 이미 반포되었으니, 신의를 잃을 수 없다."라는 의외의 답변을 내놓았다. 한 번 내린 국가의 약속을 상황에 따라 바꾸기 시작하면, 사람들은 자신들의 죄나, 혹은 위기 상황일 때 "언제든 바꿀 수 있겠다"라는 생각을 하게 될 것을 고려한 것이다. 그래서 세종대왕은 개인적인 감정이나 분노보다 국가가 한 약속 즉 '신의'를 지키려 했다.

어쩌면 이것은 매우 현실적이고도 똑똑한 선택이었을지 모른다. 우리는 살면서 수많은 약속을 한다. 그리고 그 속에서 믿음이 가는 사람과 믿음이 가지 않는 사람을 나눠서 생각하게 되는데, 생각해 보면 믿음이 가지 않는 사람은 약속을 종종 어겨서라기보다는 그 어긴 기준이 자신의 기분이나 이득을 위해 바뀌었을 때, 그 사람에 대한 신의를 잃게 될 때가 많았을 것이다. 반대로 무조건적인 신의가 느껴지는 사람은 정말 지킬 수 없을 것 같은 상황에서도 끝까지 지키려고 하거나, 혹은 정말 미안하다며 밥을 사는 등 최소한의 도리를 지키려는 말과 행동에서 느꼈을 것이다. 즉, 약속 하나 지키지 않았다고 관계가 멀어지는 게 아니라, 그 약속을 지키지 않은 의도가 자신의 감정에 따라 좌우되고, 나의 시간과 나를 소중하게 대하지 않는다고 생각이 들 때 사람들은 상대를 믿지 못하고 멀리하는 것이다. 그래서 신의가 있는 사람이 되려면, 작은 것조차 정확한 선을 갖고 지키고자 노력하는 사람이 되어야 한다.

대부분의 사람은 약속을 잡았지만 귀찮을 때나, 한 말을 지키는 것보다 말을 바꾸는 게 더 합리적으로 보일 때 "이번 한 번은 괜찮겠지"라는 생각에 약속을 취소하거나 말을 바꾼다. 그러나 신기하게도, 그건 다 티가 나게 된다. 그래서 차라리 지키지 못할 약속을 멋지게 포장하는 것보다 지금은 어렵다고 그 이유를 솔직히 말하는 것이 낫다. 신의란 거창한 결단 같은 게 아니다. 한 번 한 말을 가볍게 여기지 않는 마음, 불리해 보여도 도리를 먼저 떠올리는 태도, 상대방도 나만큼 소중한 시간과 사람임을 인지하는 마음이 결국 사람의 아우라를 만든다. 세종대왕도 아버지를 해치려 한 죄인을 풀어주는 것은 찜찜했을 것이고, 왕의 권한으로 다시 옥에 가둘 수는 있었을 것이다. 그러나 이러한 사소한 것들이 신의를 흔든다는 것을 알았기에 이미 결정된 것에 대해서 저버리지 않았다. 그러니, 사람들에게 신의를 얻으려면 나에게 좋은 것이든 나쁜 것이든, 혹은 사소한 약속 하나일지라도 기분과 이익에 따라 대하지 않는 태도를 가져라. 그런 당신에게는 무엇을 해도 해낼 것 같고, 믿고 맡길 수 있는 신의의 아우라를 느끼게 될 것이다.

"사령이 이미 반포되었으니, 신의를 잃을 수 없다."

002

상처를 입히면서까지
지켜야 할 법은 없다

나라의 관리들을 감찰하던 사헌부가 한 가지 건의를 올린 적이 있다. 양반가 부녀자들이 외출할 때 얼굴과 체면을 가리기 위해 쓰던 물건인 '화금 입자'가 법에 맞는지 가려내기 위해, 길거리에서라도 입자를 벗겨 검사할 수 있도록 표식을 붙이자는 내용이었다. 화금 입자는 비단이나 고운 재료로 만들어졌고, 금박이나 금분으로 장식을 더해 신분과 예법을 함께 드러냈다. 그것은 일반적인 모자가 아니라, 당시 여성의 위치와 품격을 상징하는 사치품이자 예복의 일부였다. 그러나 당시 조선은 사치에 관한 규정이 엄격한 나라였다. 옷차림과 장식 하나까지도 신분과 예법의 범주 안에서 관리했고, 이를 어길 경우 질서를 해치는 행위로 보았다. 사헌부의 건의 역시 그런 맥락에서 나온 것이었다. 그래서 더욱 법 집행의 효율을 높이기 위한 제안다웠다. 하지만 세종대왕은 이 건의를 문제 삼으며 이렇게 말했다.

"양반집 부녀들이 쓰고 있는 입자를 길거리에서 벗겨 내어 검사한다는 것은 부당한 일이다." 법을 지킨다는 명분이 있다 해도, 그 과정에서 사람의 체면과 존엄을 훼손한다면, 그것은 옳은 행정이 아니라는 뜻이었다. 특히, 사람들이 다 보는 곳에서 여성을 강제적으로 검사하는 행위는, 당시의 사회적 분위기를 고려할 때 일반적인 단속 행위를 넘어 인간을 모욕하는 일이 될 수 있다고 보았다. 세종에게 법은 사람 위에 군림하는 도구가 아니었다. 법은 사람을 위해 존재해야 했고, 그 출발점에는 언제나 인간에 대한 예의가 있어야 했다. 이러한 세종대왕의 판단은 한 번쯤은 생각해 봐야 할 부분이다. 오늘날 유독 사람들이 잘못된 것이 있다면, '규정'과 '원칙'이라는 이름으로 누군가를 공개적인 자리에서 부끄러움을 준다. 말로는 문제가 없다면 당당하면 된다고 하지만, 그 과정에서 마음이 다치고 체면이 무너지는 사람의 마음은 생각하지 않는다. 오로지 "법이니까", "규칙이니까"라는 말로 너무 쉽게 얘기한다.

그러나 그것이 문제가 아니었다는 사실이 밝혀진다 해도, 그 결론에 이르기까지의 시간 동안 그 수모를 당하는 사람은 눈치를 보고 고통을 감내해야 한다. 또한 누군가의 잘못된 판단이 거짓 소문으로 번지는 순간, 사실과 전혀 다른 말들이 덧붙여지기도 한다. 그래서 만약 당신이 리더가 되거나, 혹은 그런 자리에 오른 사람이라면 효율이라는 이유로 누군가를 공객개적으로 세워 두고 존엄을 벗겨 내는 실수를 하지 않길 바란다. 꼭 높은 위치가 아니어도 똑같다. 내가 볼 때 부끄럽고, 쪽팔려 하는 순간이 아닐 수는 있어도 사람마다 부끄러워하는 지점이 다르기 때문에 사실 여부보다 사람이 먼저 되어야 한다. 자신이 궁금하다는 이유로 상대가 불편해하는 것을 계속해서 묻는다면, 그건 모욕에 가깝다. 진실을 아는 것과 사람을 모욕하는 일은 결코 같은 곳을 마주 볼 수 없다. 진실보다 먼저 지켜야 할 것은 언제나 사람의 마음이라는 사실을 명심하고, 한순간의 자신만의 옳음으로 타인의 마음을 잃지 않도록 주의하자.

"양반집 부녀들의 쓰고 있는 입자를 길거리에서 벗겨 내어 검사한다는 것은 부당한 일이다."

003

본래의 목적에서
벗어나지 마라

의자는 앉는 도구로 쓰일 때 가장 유용하게 쓰이고, 물컵은 물을 담을 때 가장 유용하게 쓰인다. 이처럼 언어도 그 쓰임에 맞게 쓰일 때 가장 아름답게 쓰인다. 특히, 한국어가 그렇다. 한국 사람이라면 다 아는 사실이겠지만, 세종대왕은 한글을 만들었다. 그리고 그 글자를 만든 이유를 이렇게 말했다. "나라의 말이 중국과 달라 문자로 서로 통하지 아니하므로, 어리석은 백성이 말하고자 하는 바가 있어도 마침내 제 뜻을 펴지 못하는 사람이 많다. 내 이를 위하여 새로 스물여덟 글자를 만드니, 사람마다 쉽게 익혀 날로 쓰기에 편안하게 하고자 할 따름이다."

　세종은 한글을 똑똑하고, 말 잘하는 학자를 위해 만들지 않았다. 배우지 못해 침묵해야 했던 사람들, 말하고 싶어도 뜻을 펼 수 없었던 백성들을 위해 만들었다. 그렇다면 지금 우리는 한글을 본래의 의도에 맞게 쓰고 있는지도 되돌아볼 필요가 있다. 내가 이해하지 못한다는 이유로 타인의 말을 가볍게 넘기고 있지는 않은지, 표현이 서툴다는 이유로 제대로 들으려 하지 않았는지, 혹은 나이가 어려 보인다는 이유로 그들의 말을 막지는 않았는지 한 번쯤 생각해 볼 만하다. 세종대왕은 한글을 말하고자 하는 바가 있어도 제 뜻을 펴지 못하는 사람들을 위해 만들었기에 우리는 한글을 타인의 입을 막기 위해 사용하기보다, 더 말할 수 있도록, 더 외칠 수 있도록 쓸 때 가장 유용하게 사용하는 것일지도 모른다. 이는 한글뿐만은 아닐 것이다. 언어는 욕

설과 비난으로 누군가를 침묵시키기 위해 만들어지지는 않았을 테니 말이다. 그렇다면, 당신은 어떤 쓰임으로 그 언어를 사용하고 있는가? 이왕이면, 그 쓰임에 맞게 사랑하는 이들에게 한글을 사용해 보자. 아마도 그 본래의 쓰임에 맞게 사용하고 있다면 당신의 주변 사람들은 가장 행복한 소리를 듣고 있을 것이다.

"어리석은 백성이 말하고자 하는 바가 있어도
마침내 제 뜻을 펴지 못하는 사람이 많다."

004

결과만 벌하면
거짓이 자란다

경상도에서 풍년이라는 보고가 올라왔다. 표면적으로는 풍족한 수확과 안정된 민생을 뜻하는 소식이었다. 그러나 세금 자료를 다시 확인하자 예상과 다른 결과가 나왔다. 피해는 많고 실제 수확은 적게 나타난 것이다. 이를 본 담당 관청은 보고의 신뢰성을 의심하며 세종대왕에게 조사를 청했다. 그는 잠시 생각하더니 말했다. "만약 피해는 많고 실제 성과는 적다는 이유로 처벌하기 시작하면, 앞으로는 피해를 숨기거나 손해를 성과로 꾸며 보고하는 일이 반드시 늘어날 것이다. 그로 인해 생길 폐단이 훨씬 더 커질 텐데, 그게 더 걱정이다."

세종이 걱정한 건 처벌 방식이 만들어낼 구조적 왜곡이었다. 성과만을 기준으로 책임을 묻기 시작하면 사람들은 두려움을 느껴 더 거짓 보고를 하게 된다. 만약 농사의 수확이 적다는 이유로 처벌한다면 그 수를 더욱 거짓으로 조정할 것이고, 피해가 크다는 이유로 처벌한다면 불이익을 피하는 방법을 먼저 고민할 것이다.

사람들은 '처벌하면 오히려 더 지키지 않을까'라고 생각하지만, 현실적으로 보면 두 가지가 함께 작동한다. 처벌은 최소한의 선을 지키게 만드는 안전장치일 뿐이다. 넘으면 손해라는 경계선을 분명히 해 주기 때문이다. 다만 처벌만으로 유지되는 도덕성은 감시가 약해지거나 누군가 선을 넘는 순간 너도나도 선을 넘게 된다. 반대로 칭찬, 인정, 소속감 같은 보상은 사람을 '하지 말아야 할 것'이 아니라 '하고 싶은 것'으로 움직이게 만든다. 누가 보지 않아도 지키게 하는 힘을 만드는 것이다. 그래서 건강한 조직이나 사회는 대개 처벌로 바닥을 만들고, 보상과 존중으로 천장을 만든다. 즉, 성과에 따라 처벌이 된다면, 사람들은 일을 잘하는 방법이 아니라, 결과를 좋아 보이게 만드는 방법을 찾을 수밖에 없다는 것이다. 결국 중요한 것은 처벌의 강도가 아니라 과정과 맥락을 함께 살피는 것이다.

허위 보고에 고의 은닉이 있었는가. 절차가 위반되었는가. 이런 거짓된 행동을 문제 삼아야 할 것이지, 성과가 좋지 못하다고 처벌한다면 사람들은 점점 거짓말을 하게 된다. 신뢰는 정직한 사람이 만들어내는 것이 아니라, 정직해질 수 있는 환경에서 생긴다. 그래서 조직이든 사회든 건강하게 유지되려면 처벌의 강도보다 행동을 어떻게 유도할 것인가를 먼저 고민해야 한다. 그러니 만약 무언가를 처벌했을 때 폐단이 생길 가능성이 있다면, 결과만 놓고 처벌하기보다는 세종대왕처럼 그 과정을 보고 판단할 줄 아는 사람이 되면 좋을 것이다.

"피해는 많고 실제 성과는 적다는 이유로
처벌하기 시작하면, 앞으로는 피해를 숨기거나 손해를
성과로 꾸며 보고하는 일이 반드시 늘어날 것이다."

005

한 번의 실수로
사람을 내치지 마라

세종대왕은 신하를 대하는 데 있어 남다른 혜안을 지니고 있었다. 그는 잘못을 저지른 신하를 쉽게 내치거나 엄벌로 다스리기보다, 그 잘못이 어디에서 비롯되었는지를 먼저 살폈다. 스스로 부족함을 인정하며 물러서려는 신하에게는 따뜻한 말로 붙잡았고, 책임을 모면하려는 자에게는 단호하게 물었다. 그런 세종의 치세에는 신하가 실수를 숨기지 않아도 되는 분위기가 형성되었고, 그 속에서 신하들은 더욱 소신 있게 직무를 수

행할 수 있었다. 이러한 세종의 면모를 잘 보여주는 사건이 있다. 형조가 한 형사 사건을 처리하는 과정에서 사실관계를 그럴듯하게 꾸며 보고한 일이 있었다. 그런데 관리들을 감시하고, 권력을 견제하는 기관인 사헌부가 그것을 제대로 확인하지 않고 믿었다. 그러다 뒤늦게 사실이 다르다는 것을 알게 된 사헌부 관리들은 백성의 원통함을 제대로 가려내지 못했고, 판단의 근거가 정확하지 않았다는 사실에 깊이 자책했다. 임금의 눈과 귀가 되어야 할 자들이 시비를 분별하지 못했으니, 더는 남을 규탄할 자격이 없다고 여긴 것이다. 그래서 그들은 대궐에 나아가 다시 관직에 머물 낯이 없다며 사직을 청했다. 그러나 세종대왕은 이렇게 말했다. "경들이 형조에게 속았을 뿐이니, 그럴듯하게 속일 때에는 성인이라도 믿는 수가 있다. 스스로를 책망하며 물러날 것이 아니라, 나랏일을 전과 같이 보라."

사실 여부를 가리고 정확하게 보아야 하는 것은 맞지만, 사헌부 관리들의 무능함으로 보지 않았다. 잘못이 있었다면 바로잡으면 되고, 판단을 잘못했다면 더 신중해지면 되는 일이었다. 한 번의 착오로 사람의 역할과 자격을 박탈해 버리는 것은, 문제를 해결하는 방식이 아니라 책임을 회피하는 방식에 가깝다고 보았기 때문이다. 이런 세종대왕의 이해심은 빠름을 요구하는 사회일수록 갖춰야 할 덕목일지도 모른다. 오늘날 사람들은 무엇이 문제였는가를 보기보다, 누가 문젯거리를 만들었느냐를 묻는 문화가 자리 잡았고, 한 번의 판단 착오가 오랜 신뢰를 무너뜨리는 일이 비일비재해졌다. 모든 것이 빨라진 만큼, 사람을 다시 살피기보다 정리하는 쪽이 더 효율적이라고 판단하게 된 것이다. 그러나 우리가 알아야 할 건, 실수는 사람을 버리라고 주어지는 신호가 아니라는 것이다. 오히려 그 사람이 어떤 태도를 선택하는지를 보라는 신호에 가깝다. 잘못한 일에 사과하는지, 같은 일을 반복하지 않으려 애쓰는지 등 실수를 대하는 그 사람의 자세를 보면 이 사람이 바뀔 사람인지 아닌지 알 수 있기 때문이다.

그래서 사람을 판단할 때 우리가 보아야 할 것은 태도다. 누구나 실수할 수는 있지만, 모든 사람이 같은 방식으로 실수를 받아들이지는 않는다. 세종대왕이 사람을 쉽게 내치지 않았던 이유 역시 여기에 있다. 잘못 그 자체보다, 그 이후의 선택과 변화를 보려 했던 것이다. 관계를 서둘러 정리하는 일은 쉽지만, 다시 신뢰를 쌓는 일은 훨씬 어렵다. 한 사람과 멀어지는 순간, 그만큼의 깊이를 다시 만드는 데에는 예상보다 큰 시간과 에너지가 필요하다. 순간의 불편함을 견디지 못해 관계를 정리해 버리면, 우리는 실수보다 더 큰 것을 잃기도 한다. 세종대왕도 말했다. "자신이 성인(聖人)이 아닌 바에야 어느 누가 작은 실수도 없겠느냐. 만약 실수를 했다고 곧바로 자리에서 바꾸거나 내쳐 버린다면, 세상에 남아 있을 사람이 어디 있겠는가." 이 말처럼 세상에 작은 실수 한 번에 내친다면 남아나는 사람이 한 명도 없을 것이다. 그렇다면 조금 느리더라도 한 번쯤 기회를 남겨 두는 선택이 반드시 손해만은 아닐 것이다. 그러니, 때로는 빠른 판단보다 신중한 여유를 갖고 바라보

자. 분명, 그 여유와 신중함이 사람을 살리고, 오랜 관계를 만들어 줄 것이다.

"그럴듯하게 속일 때에는 성인이라도 혹 믿는 수가 있다.
스스로를 책망하며 물러날 것이 아니라,
나랏일을 전과 같이 보라."

006

선입견이 태도가 되어서는
안 된다

현대에는 개인주의가 심해져서 "나, 너, 우리"를 본다면, 옛날에는 공동체가 중요했기에 '마을'이나 '지역' 단위로 보았다. 조선 시대에서도 지역을 놓고 그 사람들의 특징을 보곤 했는데 그중 전라도에 대한 인식이 그렇게 좋지는 못했다. 세종대왕이 말하길 "전라도는 산수가 조화롭지 않아 쏠리고 인심이 지극히 험하나, 인심이 험악하다고 해서 억지로 매질하며 다스릴 수는 없다."라고 했다. 이는 그 지역을 비판했다기보다는 설령 어떤 평판이 존재하더라도 그것이 곧 사람을 대하는 태도가 되어서는 안 된다는 의미에서 한 말이다. 그러나 사람들은 타인을 판단할 때 놀랄 만큼 단순한 것들로 판단한다. 막상 그 사람을 겪어보지도 않았으면서 보이는 특징, 누군가에게 들은 말, 지역이나 배경에 대한 선입견 같은 것들로 말이다.

물론, 사람에게는 촉이라는 게 있어서 그동안 쌓여온 데이터들에 의해 '이럴 것이다'라는 통계는 어느 정도 있을 수는 있다. 그렇다고 그것만으로 사람을 쉽게 단정 짓는 것은 위험한 생각이다. 왜냐하면 그런 태도가 모든 것을 그렇게 바라보게 만든다. 오늘날로 보면 성별, 나이, 외모 같은 것들로 상대를 더 분류하고 단정 짓는데 그것들을 "영포티(나이보다 젊게 살려고 하는 사십 대를 이르는 말)", "MZ세대"라는 말들로 아예 묶어 놨다. 이것 또한 단정 지어 보는 시각을 만드는 것에 속한다. 그래서 더욱 이런 사회일수록 그런 사람이라 단정을 짓기보다, '이런 사람도 있구나'라는 시각이 필요하다. 인간의 겉으로 보이는 모습과 실제 모습 사이에는 언제나 간극이 존재한다. 상대방을 볼 때 제대로 된 판단을 하려면 들은 말보다 직접 본 행동을, 이미지보다 실제 태도를 보고 판단하는 것이 중요하다.

세종대왕은 이런 말을 했다. "사람은 행동을 보면 그 마음을 알 수 있다." 그 사람의 학벌이 좋든 안 좋든, 나이가 젊건 많건 그 사람의 행동을 보면 그 사람의 실제 모습이 보인다. 학벌이 좋다고 심성이 좋은 것도 아니고, 나이가 젊다고 현명하지 못한 건 아니다. 단정 지어 부를 수 있는 그런 단어들이 그들의 특징을 나타낼 수는 있어도 본질을 대신하지 못한다. 우리는 너무 쉽게 이름표를 붙이고, 그 이름표로 사람을 이해했다고 착각한다. 그래서 더욱 사람을 단정 짓는 시대라면 일반적인 특징으로 보는 것이 아니라 행동을 보려 노력해야 한다. 그것이 오해를 줄이고, 관계를 덜 그르치는 가장 현실적인 판단 기준일지도 모른다.

"인심이 지극히 험하나, 인심이 험악하다고 해서
억지로 매질하며 다스릴 수는 없다."

007

진정한 도움이란
무엇인가

우리는 일상에서 '좋은 의도'가 반드시 '좋은 결과'로 이어지지는 않는다는 사실을 경험할 때가 있다. 진정 도움이 필요한 이들은 여전히 굶주리고 있는데, 그들을 돕는다는 명목으로 모인 자원이 오히려 소수의 이익을 키우는 데 쓰이는 것처럼 말이다. 그런데 이런 일들은 오늘날에만 있는 게 아니다. 조선 시대에도 비슷한 일들이 많았다. 특히, 세종대왕 시대에도 불교와 사찰 운영을 둘러싼 논쟁이 있었다. 신하 '하연'이라는 사람이 부처가 왕자의 신분을 버리고 깨달음을 얻고 불교를 전파한 것을 상기시키며, 후대의 왕들이 그 가르침과는 달리 불교 사찰에 막대한 토지와 노비를 하사하고, 승려들을 호화롭게 봉양해 왔다고 비판했다. 욕심을 버리라고 가르치던 종교가 국가의 후원을 받으며 오히려 혜택과 권력을 보장받는 구조가 되고 있었던 것이었다. 이 보고를 들은 세종대왕은 곰곰이 생각하더니 이렇게 말했다. "불법을 이단이라 하면, 그것이 나라에 이익이 없는 것도 필연적이다. 허나, 이 법이 세상에 행한 지가 오래되었다. 사람들에게 어떠한 방법으로 그것이 이단이어서 쓸데없는 것이라는 것을 알려 주겠는가. 나 또한 급작스럽게 개혁할 수는 없는 일이라 생각한다."

세종대왕은 그의 주장이 논리적으로 타당하다는 점을 인정했으나, 오랜 세월 사람들의 삶에 뿌리내린 믿음과 제도를 단번에 바꾸는 것은 불가능하다는 현실도 직시했다. 그래서 그는 힘으로 밀어붙이는 변화가 아니라, 사회가 받아들일 수 있는 방식과 속도를 고민했다. 이는 리더들이 조직에서 변화를 요구할 때 알아야 할 덕목 중 하나이다. 리더들이 사람을 이끌 때 가장 힘들어하는 것이 자신이 생각하는 것에 맞게 아랫사람들이 따라와 주지 못하는 것이다. 하지만 그들은 다른 삶을 살아왔고, 다른 생각을 하는 사람이기 때문에 리더가 원하는 것을 쉽게 따라가지 못하는 건 당연하다. 그래서 변화에는 명분만큼 설득이 필요하고, 속도만큼 기다림이 중요하다. 그 과정에서 비록 옳은 방법일지라도 전달 방식이 거칠면 저항을 만들고, 속도가 과하면 뒤처짐을 만든다. 그런데 리더들은 잘하고 싶은 마음에 원하는 대로 따라오지 못하거나, 다른 의견을 말하면 화를 낸다. 하지만 정말 그들이 잘 따라오고 자신의 변화에 발맞추기를 원한다면 어떻게 바꿀 것인가만큼 어떻게 따라오게 할 것인가도 고민해야 한다.

아무리 좋은 생각이라도 공감과 이해가 없다면 제대로 실행하기가 어렵다. 이럴 때는 따라오지 못하는 이들을 나무라기보다, 세종대왕이 말한 것처럼 그들에게도 이해하고 적응할 시간을 주어야 한다. 사람은 명령으로 움직이는 존재가 아니라, 납득으로 움직이는 존재이다. 재촉하면 속도는 조금 빨라질 수는 있어도 관계를 마모시키고, 반대로 기다림과 설명하는 방법은 조금 느려질 수는 있어도 더 확실한 효과를 볼 수 있다. 변화의 본질은 구조를 바꾸는 일이 아니라, 사람을 움직이는 일이다. 그래서 진짜 변화를 만드는 사람은 앞서 나가는 사람이 아니라, 함께 가는 사람이다. 그렇다면, 조금 느리더라도 끝내 모두가 같은 방향을 바라보게 만들 수 있는 리더가 되어보는 건 어떨까?

**"사람들에게 어떠한 방법으로 그것이 이단이어서
쓸데없는 것이라는 것을 알려 주겠는가."**

Chapter. 03

얻은 인재는
어떻게 다뤄야 하는가

세종대왕

좋은 인재는
어떤 사람인가

좋은 사람을 곁에 두고 싶어 많은 이들이 누군가를 소개받고 관계를 넓히려 애쓴다. 하지만 무엇을 기준으로 사람을 판단해야 하는지는 쉽게 답이 나오지 않아 늘 헷갈려 한다. 사람은 겉모습이나 말 몇 마디로 단정할 수 없고, 결국 시간을 함께 보내 봐야 드러나기 때문이다. 이런 고민은 세종 역시 깊이 생각하고 있었다. 그는 "국가의 근본은 사람을 얻는 데에 있다."라고 말할 정도로 국가의 근본을 사람에게서 찾았고, 인재라면 놓치지 않으려 부단히 애썼다. 이런 그의 고민 끝에 실제로 세종대왕이 사람을 보는 기준이 드러난 장면이 있다. 어느 날 지방 관청의 실무 책임자였던 이사철이 하직 인사를 올리자, 세종대왕은 그를 불러 이렇게 말했다. "나의 족속은 대체로 학문을 알지 못한다. 그런데 너는 학문에 힘쓰는 바가 있어 내가 이를 매우 기특하게 여겨 오래도록 집현전에 두고자 하였다. 그러나 네가 시종한 지 오래되어 나의 뜻을 잘 알고 있으므로, 특별히 너를 보내어 그 일을 전적으로 맡기려 한다. 부디 가서 게을리하지 말라." 그러자, 이사철은 대답했다. "소신은 본래 행정 실무를 깊이 알지 못하여, 혹 일을 그르칠까 두렵습니다." 그 직분이 얼마나 무겁고 책임이 필요한 자리인지 알고 있는 그를 보자 세종은 이렇게 말했다. "그대의 자질은 아름답다. 하지 않으면 그만이겠지만, 만일 마음과 힘을 다한다면 무슨 일이든 능히 해내지 못할 것이 없을 것이다."

　　세종은 사람의 마음을 얻을 때 말로 설득하기보다 신

뢰로 등을 밀어주었다. 재능이 있다며 부담감을 주지 않았고, 잘할 거라 단정하지도 않았다. 다만, 이미 그 사람 안에 있는 태도와 마음가짐을 정확히 짚어 그 마음이라면 해낼 수 있다고 말했다. 그 이유는 "너를 믿는 다"는 말은 믿음을 주기도 하지만, 책임의 무게를 아는 사람이라면 그 무게만큼 스스로를 다잡을 것임을 알고 있었기 때문이다. 우리는 이 대화에서 세종대왕의 인재를 보는 기준을 볼 수 있다. 대부분의 사람은 능력을 먼저 따지지만, 세종대왕은 자질을 먼저 보았다. 모른다고 물러서는 사람이 아니라, 모른다는 사실을 알고 더 신중해지는 사람. 잘난 척하며 나서는 사람이 아니라, 잘나지는 않더라도 한 번 맡으면 끝까지 책임지려는 사람. 그런 사람은 가르쳐서 할 수 있는 일이라면 무엇이든 충분히 해낼 수 있다고 본 것이다. 그래서 사람을 볼 때 지금 무엇을 할 수 있느냐보다 어떤 마음으로 그 일을 대하느냐를 먼저 보는 것이 중요하다.

　물론, 재능과 자질이 골고루 갖춰진 사람이라면 좋

겠지만, 둘 중 하나를 골라야 한다면 자질이 좋은 사람을 골라야 한다. 재능은 타고난 능력에 가깝다. 속도, 감각, 이해력, 기억력 같은 것들이다. 그러나 자질은 태도에 가깝다. 지속성, 책임감, 판단력, 감정 조절, 성실함 같은 요소들이다. 재능은 얼마나 빨리 달릴 수 있는가를 본다면, 자질은 얼마나 오래 안정적으로 달릴 수 있는가이다. 우리의 인생은 마라톤이기에 길게 보아야 한다. 재능은 출발선을 앞당길 수는 있어도 끝까지 해내는 힘은 아니고, 자질은 비록 더딜 수 있더라도 완주하는 모습을 보여준다. 그래서 좋은 사람을 곁에 두려거든 무엇을 얼마나 잘하는지보다 먼저 그 사람의 자질을 보아야 한다. 자질을 보려면 일이 잘 풀릴 때보다 어려워졌을 때 어떤 태도를 보이는지, 책임을 져야 하는 상황에서 책임을 지는지 떠넘기는지를 보면 알 수 있다.

그래서 만약 당신이 재능이 없고 평범하다면, 너무 잘나서 기죽을 사람을 곁에 두려 하지 말고, 자질이 있어 그것을 보고 나도 열심히 하고 싶게 만드는 사람을 곁에 둬라. 인생은 어떤 선택을 하느냐보다, 그 선택을 어떤 마음으로 감당하느냐가 삶의 90%의 방향을 정한다. 이왕이면 잘난 사람이 계속해서 포기하는 것을 보기보다, 아주 작은 것이라도 계속해서 해내는 사람을 보며 그 태도를 본받아 함께 끝까지 해낼 수 있는 사람이 되도록 하자. 인생에 실패가 없고 과정만 있다고들 하지만, 결국 끝까지 해내지 못하면 그 과정 또한 큰 의미를 주지 못할 것이다.

"그대의 자질은 아름답다. 하지 않으면 그만이겠지만,
만일 마음과 힘을 다한다면
무슨 일이든 능히 해내지 못할 것이 없을 것이다."

002

인재를 어떻게
다뤄야 하는가

《세종실록》에 보면 이런 흥미로운 대화가 있다. 세종이 즉위한 지 얼마 되지 않았을 무렵, 편전에서 술자리가 열렸다. 술자리가 끝나갈 즈음, 한 신하가 조심스레 입을 열었다. "전하께서 하시는 정사는 마땅히 명나라 황제의 법도를 따라야 할 줄로 아옵니다. 저는 명나라 황제가 친히 죄수를 끌어내어 자상히 심문하는 것을 보았습니다. 황제는 위엄과 용단이 측량할 수 없이 놀라워, 장관이 일을 하다 착오가 생기면, 즉시 모자를 벗기고 끌어 내립니다. 그러하니, 조선의 임금 또한 모든 정사를 친히 통찰하심이 마땅하옵니다." 신하는 명나라 황제의 위엄과 단호함을 들어, 강한 통치야말로 나라를 바로 세우는 길이라 주장한 것이다. 임금이 모든 일을 직접 살피고, 작은 착오도 용납하지 않을 때 비로소 정사가 바로 선다는 논리였다.

그러나 이에 다른 한 신하가 반박했다. "그렇지 않습니다. 관을 두어 직무를 분담시킴으로써 각기 맡은 바가 있사온데, 만약 임금이 친히 죄수를 처벌하면 관을 두어서 무엇하오리까. 어진 이를 구하기 위하여 노력하고, 인재를 얻으면 편안해야 하며, 맡겼으면 의심을 말고, 의심이 있으면 맡기지 말아야 합니다. 전하께서 대신을 선택하여 사람을 뽑아 자리에 앉혔다면, 그 일을 믿고 맡겨 성과로 이어지게 해야 마땅하오니, 몸소 자잘한 일에 관여하여 신하의 할 일까지 하시려고 해서는 아니 됩니다." 반박한 신하는 일을 대신 맡은 사람을 우대하고, 말 한마디 실수로 사람을 끌어내려 벌하는 것은 공포로 다스리는 정치일 뿐이라고 했다. 그렇게 논쟁은 길어졌지만, 세종대왕은 후자 신하의 말을 옳게 여겼다. 이 대화는 현명한 통치가 무엇인지 다시 생각하게 한다. 현명한 통치란 모든 것을 손에 쥐고 직접 움직이는 데서 나오는 것이 아니다. 사람을 제대로 고르고, 맡기고, 믿는 데서 비로소 만들어진다.

그래서 임금의 역할은 일을 대신하는 데 있지 않고, 인재를 골라 자리에 세우고 그가 마음껏 날개를 펼칠 수 있도록 도와주는 것이다. 이는 임금뿐만 아니라, 오늘날 사장과 리더들이 인재를 어떻게 대해야 하는지도 분명하게 보여준다. 인재를 뽑아 놓고 모든 판단을 대신 내려주는 조직에서는, 아무도 그 일에 대해 책임지지 않으려 한다. 반대로 자리에 앉힌 사람에게 권한과 책임을 함께 맡길 때, 권한을 위임받은 사람은 생각하고 조직은 비로소 살아 움직인다. 그래서 품성이 좋은 사람을 데려와 그 사람이 그 일을 하며 보람을 느끼게 해 주어야 한다. 만약 무엇을 할 때마다 일일이 마음에

들지 않는다고 지적한다면, 그건 자신이 하는 일이 아니라 시켜서 하는 일이 되어 버린다. 그러면 보람을 느끼지 못하는 인재는 결국 떠나게 된다. 그래서 사장과 리더에게 중요한 것은 품성 좋은 사람을 데려다가 그 일에 보람을 느끼고 날개를 펼치게 해 주는 것이다. 세종대왕도 이런 말을 했다. "관원이 그 직무에 적당한 자이면, 모든 일이 다 다스려진다."

그렇다. 작은 실수보다 중요한 것은, 그 사람이 그 자리에 얼마나 맞고, 그 자리에서 무엇을 만들어 내느냐다. 인재는 관리의 대상이 아니라, 믿고 마음대로 뜻을 펼칠 수 있는 맡김의 대상이 되어야 한다. 조직이 오래가는 힘은 한 사람이 모든 것을 통제하는 데서 나오지 않는다. 각자가 자신의 자리에서 판단하고 결정할 수 있을 때, 알아서 움직이는 시스템이 만들어지는 것이다. 즉, 사람을 고르고 자리에 세웠다면, 그다음은 그 사람을 믿고 맡길 줄 알아야 한다는 것이다. 책임과 권한을 함께 주지 않은 채 결과만 요구하는 것은 신뢰가 아니라 통제에 가깝기 때문이다. 그러니, 통제하는 조직을 만들지 말고, 스스로 판단하고 움직일 수 있는 구조를 만들어야 한라. 권한 없는 책임은 부담을 낳고, 책임 없는 권한은 혼란을 만들 것이다.

"인재를 얻으면 편안해야 하며, 맡겼으면 의심을 말고, 의심이 있으면 맡기지 말아야 한다."

003

인재를 들이고도 여전할 것인가, 역전할 것인가

어떤 조직은 인재를 들이고도 여전히 제자리이고, 어떤 조직은 그 한 사람을 계기로 엄청난 성장을 하게 된다. 그 차이의 답은 사실 리더가 인재를 활용하는 방식에 있다. 이 방식은 세종대왕이 관리 승진 제도와 인재 등용의 원칙을 두고 신하들과 논의한 내용을 보면 쉽게 이해할 수 있을 것이다. 조선에는 30개월이 지나면 자동으로 승진하는 제도가 있었다. 그리고 그 제도 때문에 능력과 무관하게 빠르게 고위직에 오르는 경우가 많아지고 있었다. 세종대왕은 제도의 취지가 왜곡되고 있다고 보았고 이렇게 말했다. "계급이 능력과 상관없이 갑자기 뛰어 올랐기 때문에 이에 준하여 관직을 받은 사람이 상당히 많다. 이것은 법을 세운 본의와 어긋난다. 쓸 만한 인재가 있을 때는 승진하는 차례를 무시하고 발탁하여 채용함이 어떠한가." 허조는 제도를 함부로 고치면 또 다른 폐해가 생길 수 있다며 신중론을 폈고, 정초는 당나라와 송나라의 사례를 들어 계급보다 능력을 우선해야 한다고 주장했다. 두 사람의 말을 들은 세종은 깊이 생각하더니 이렇게 말했다. "계급을 따르는 법은 이미 세워진 제도이나, 차례를 뛰어넘는 폐단이 생기고 있다. 옛일을 참고하고 현실을 감안하여 영구히 폐해가 없는 방법을 논의하라."

즉, 승진은 원칙을 따르되 분명한 인재라면 관례를 넘어 발탁할 수 있어야 한다고 말한 것이다. 사람을 위해 존재하는 제도는 지켜져야 마땅하지만, 그것이 목표가 되어서 사람을 무너뜨려서는 안 된다. 사람이 제도에 맞추어지는 순간, 그 제도는 이미 제 역할을 잃기 때문이다. 예를 들어 연차만 채우면 승진하는 조직에서는 경력이 능력이라고 생각한다. 경력 또한 무시할 수 없지만, 그 사람이 리더십이나 직분에 맞는 능력이 없다면 아무리 뛰어난 인재를 그 밑에 데려와도, 인재들은 얼마 안 가 떠나게 되어 있다. 능력 없는 답답한 사람 밑에서 일을 하게 되면, 묵묵히 일을 잘하는 인재들이 그 사람의 일까지 다 떠안게 되기 때문이다.

그러다 보면 인재들은 답답함을 느껴 자신을 알아봐 주고 역량을 펼칠 수 있는 곳으로 떠나게 되는 것이다. 이는 사람을 알아보지 못해서가 아니라, 알아보고도 제대로 그들을 활용하지 못했기 때문에 벌어지는 문제이다. 세종도 바로 이 지점을 경계했다. 제도를 없애자는 것이 아니라, 제도가 사람을 가로막는 순간을 놓치지 말자는 것이다. 그래서 제도보다 사람의 능력을 활용할 줄 아는 조직은 큰 성장을 하게 될 것이다. 그렇다면 당신도 생각해 봐야 한다. 당신의 조직이 인재를 들이고

도 여전한가, 아니면 그 인재를 통해 판을 바꾸고 있는
가. 그 질문에 대한 답을 보면, 조직의 미래가 보일 것
이다.

**"쓸 만한 인재가 있을 때는 승진하는 차례를 무시하고
발탁하여 채용함이 어떠한가."**

004

사람들이 본분을 잊으면
어떻게 해야 하는가

무엇이든 반복되다 보면, 위기의식을 느끼지 못하는
순간 사람들이 성장을 멈추고 요령에 익숙해지기 마련
이다. 그렇게 시간이 흐르면 어느 순간 정체기가 찾아
온다. 조선 역시 예외는 아니었다. 세종은 이런 정체기
에 머물러 있어서는 안 된다는 것을 직감했고, 신하들
에게 이 문제를 꺼내 들어 이렇게 말했다. "나라가 오
래 무사태평해지자, 무사들은 활쏘기와 말타기를 본분
으로 여기지 않고, 학문하는 유생들은 경서를 깊이 읽

지 않으며, 국학(유교 경전 교육의 최고 기관)은 점점 형식만 남은 공간이 되어 가고 있다. 어떻게 생각하는가?" 이에 신하들 사이에서는 "과거 시험에서 경서를 외우게 하면 학문이 살아난다"라는 주장과 "강경하게 암기만 하게 하는 것은 진짜 학문이 아니다"라는 반론이 엇갈렸다. 무예 훈련 역시 똑같았다. 세종은 이 두 의견을 놓고 생각하다가 이렇게 말했다. "경서를 외우게 하는 것이 어찌 학문을 일으키는 것이겠는가. 고려 때에 억지로 시키지 않았음에도 학문이 오늘날처럼 쇠하였다는 말은 듣지 못하였다. 총명한 사람은 깊이 공부하지 않아도, 그때그때 훑어보면 우연히 성과를 낼 수 있다. 하지만 그런 요행이 어떻게 진짜 학문을 쌓는 방법이 될 수 있겠는가. 무예(전술 기본기)와 강무(군사 훈련)도 평소에 연습하지 않으면 막상 일이 닥쳤을 때 어떻게 대처하겠는가. 물론, 강무가 백성에게 부담이 된다는 말을 들었다. 그래서 반찬 수를 줄였고, 올리는 물품도 줄였으며, 비용 역시 미리 준비해 백성들이 괜히 분주해지는 일이 없도록 했다. 그러나 조금이라도 불편함이 있다고 해서 매번 중요한 일을 하지 않는다면, 도대체 언제가 적절한 때란 말인가."

세종은 사람들에게 강제로 주입시키는 공부와 훈련보다, 평소에 스스로 준비하는 태도가 더 중요하며, 그 작은 불편함으로 준비하지 않는다면 언제 준비할 수 있겠냐고 강조한 것이다. 인생을 살다 보면 좋은 일이 이어지다가도 뜻하지 않은 어려움이 찾아올 때가 많다. 반대로 힘든 시기가 지나가면 다시 언제 그랬냐는 듯 뜻밖의 기회가 오기도 한다. 운이 좋고 나쁨을 누구도 예측할 수 없는 만큼, 당장 아무 일이 없고, 또 힘들다고 해서 앞으로도 늘 그럴 것이라 믿는 것은 너무 섣부른 판단이다. 이는 미리 대비하는 사람과 그렇지 않은 사람의 차이를 넘어, 위기가 왔을 때 삶이 무너지느냐, 한 단계 더 단단해지느냐를 가른다. 오늘날 운동선수든, 피아니스트든, 가수든 최고라 불리는 사람들도 매일같이 연습한다. 이들이 연습하는 이유는 그것을 할 줄 몰라서가 아니라, 연습해야만 그 감각을 유지할 수 있고, 더 성장할 수 있다는 것을 알기 때문이다. 그 지루한 시간을 어떻게 보내느냐에 따라 예상치 못한 슬럼프나 어려움이 찾아왔을 때, 그것을 받아들이고 대처하는 방식마저 달라진다.

평소 준비한 사람에게 위기는 실력을 점검하는 수단이 되지만, 준비되지 않은 사람에게 위기는 재앙이 되기 쉽다. 이는 우리의 삶도 다르지 않다. 지금 당장 아무 일도 일어나지 않는다고 가만히 있는 사람과, 아무도 보지 않을 때 스스로를 단련하는 사람의 격차는 시간이 지날수록 크게 벌어진다. 준비한다고 해서 즉각적인 보상이 주어지지는 않지만, 불편함을 미루는 대가는 언제나 가장 불리한 순간에 찾아온다. 그래서 진짜로 두려워해야 할 것은 실패나 위기가 아니라, 아무 일도 일어나지 않는다고 믿으며 스스로를 점점 느슨하게 만드는 태도다. 그 방심이야말로, 가장 조용하게 나의 삶을 무너뜨리는 시작일지 모른다. 그러니, 조금의 불편함이 있더라도 세종의 말처럼 준비하는 사람이 되어보길 바란다.

"조금이라도 불편함이 있다고 해서
매번 중요한 일을 하지 않는다면,
도대체 언제가 적절한 때란 말인가."

005

한 번의 판단으로
보석을 잃지 마라

과거 제도를 둘러싼 논의가 한창이던 어느 날, 조정에서는 그 뜻을 이해하고 설명할 수 있는지를 살피는 평가 방식인 강경 시험을 얼마나 엄격하게 적용해야 하는가를 놓고 의견이 분분했다. 당시 일각에서는 이 시험의 기준을 엄격히 적용하여, 한 번이라도 통과하지 못한 자는 아예 기회를 주지 말자는 주장이 나왔다. 하지만 영의정 허조는 다른 생각이었는지 세종대왕에게 말했다. "강경에서 한 번 실패했다고 하여 그 사람의 모든 가능성을 닫아버리는 것은 지나치지 않습니까? 다른 재능이 있을 수도 있고, 조금 더 시간을 주면 충분히 성장할 수 있는 인재를 잃게 될까 염려됩니다." 허조의 말을 들은 세종은 잠시 생각에 잠겼다. 그리고 이렇게 말했다.

"어느 한편에 불통한 자는 다시 다른 편을 강하게 하여, 통한 경우에는 중장(2차 시험)·종장(최종 시험)에 응시케 하라." 어느 한 과목이 부족한데 통과할 만한 사람이라면 다른 쪽을 더 강하게 보완해서, 2차 그리고 최종 시험까지 보게 해 기회를 주라는 것이었다. 세종은 사람에게는 아직 발견되지 않은 가능성과 잠재력이 있을 수 있으니, 조금 더 시간을 주면 꽃피울 수 있는 이들이 분명 있다고 믿었던 것이다. 이는 우리가 한 번쯤 생각해 봐야 한다. 세종의 말처럼 어느 한 부분이 부족하다고 해서 그 사람 자체가 무능하다고 단정 짓기보다, 다른 쪽에서 더 성장할 수 있는 재능은 없는가, 시간을 주면 달라질 여지가 있는가. 가능성을 보고 사람을 판단해야 한다. 그러나 오늘날 우리는 처음부터 잘못한다고 상대를 질책하거나 한 번의 실수로 친구를 쉽게 정리할 때가 많다. 발표 시간에 긴장해 말을 더듬었다는 이유로, 프로젝트에서 실수했다는 이유로, 그 사람에게 더 이상의 기회를 주지 않을 때가 더 많다는 것이다. 경쟁 사회라 그럴 수도 있겠지만, 적어도 우리는 나의 사람이라고 생각되거나, 또 인재라 생각해 데려왔다면 기회를 줘야 한다.

어떤 사람은 말은 잘 못하지만 글로 표현하면 놀라운 통찰을 보여주는 사람이 있고, 어떤 사람은 빠른 판단은 못 하지만 깊이 있는 분석에서는 타의 추종을 불허할 때가 있다. 한 가지 기준으로만 사람을 재단한다면, 보석 같은 인재를 놓칠 수도 있다. 그래서 사람을 하나의 잣대로 평가하지 말고, 그 사람만의 강점을 찾아 키워줄 기회를 줄 줄 알아야 하며, 다른 방식으로 자신을 증명할 길을 열어줘야 한다. 그것이 나에게 곁을 내어준 사람에게 보이는 최소한의 예의일 것이다. 무엇이든 사람은 성품과 의지만 있다면 지금 못한다고 쉽게 저 버리면 안 된다. 사람은 완성된 상태로 발견되는 존재가 아니라, 기회를 통해 완성되어 가는 존재라는 점을 명심하자.

**"어느 한 편에 불통한 자는
다시 다른 편을 강하게 하여,
통한 경우에는 중장、종장에 응시케 하라."**

Chapter. 04

힘은 어떻게
사용해야 하는가

세종대왕

힘의 근본을
봐야 하는 이유

세종대왕은 말했다. "백성은 나라의 근본이니, 근본이 편안해야 나라가 편안하다." 이 말은 단순히 백성을 생각하라는 뜻이 아니었다. 힘을 가진 자가 그 힘을 어디에 쓸 것인가에 대한 근본적인 물음이었다. 권력을 가진 사람은 두 가지 선택지를 마주하게 된다. 그 힘으로 자신을 지키고 높일 것인가, 아니면 그 힘으로 자신을 있게 해준 사람들을 위해 쓸 것인가. 이 두 가지 선택지 중 세종대왕은 후자를 택했다. 그는 왕이라는 절대 권력을 가졌지만, 그 권력을 자신의 영광이 아닌 백성의 삶을 위해 사용했다. 백성이 굶주리지 않도록 농사 기술을 발전시켰고, 백성이 억울함을 당하지 않도록 법을 제정했으며, 백성이 병들지 않도록 의학을 연구했다. 백성이 편안해야 나라가 편안하다는 것을 실제 정치로 증명해 낸 왕이었다. 대부분 힘을 가진 사람들은 이런 생각을 하지 못했다. 자신이 그 자리에 오른 것이 오로지 자신의 능력 덕분이라고 생각한다. 그 자리까지 올라가기 위해 크나큰 싸움을 견뎌냈기 때문이다.

그래서 직장에서 권한을 쥔 회장은 직원들의 건강보다 자신의 이익과 편의를 우선시하고, 권위적인 부모는 자녀가 행복한지보다 자신이 원하는 대학, 자신이 바라는 직업을 강요한다. 근본인 그들이 무너지고 있는데, 겉모습만 신경 쓰고 있는 꼴이다. 이는 힘을 가진 사람들이 근본을 잊고 살아가기에 생기는 문제이다. 그러나 회장은 직원이 없으면 존재할 수 없고, 부모는 자녀가 없으면 부모가 아니며, 왕은 백성이 없으면 왕이 될 수 없다. 즉, 근본이 없으면 그것조차 없어진다고 생각해야 한다. 그래서 힘을 가지게 되었다면, 자신의 똑똑함을 칭찬해야 할 게 아니라, 그 힘을 쓸 수 있게 해준 근본을 봐야 한다.

정작, 내가 그 위치까지 올라갈 때 아무런 도움을 받지 못했을지라도, 그 근본에 감사할 줄 알아야 한다는 것이다. 그렇지 않으면 결국 그 힘을 가져도 제대로 쓸 수 없게 된다. 그동안의 역사만 봐도 이를 증명한다. 백성을 착취한 왕조는 무너졌고, 직원을 쥐어짜는 기업은 망했으며, 가족을 억압한 가정은 파탄 났다. 반면 근본을 돌본 곳은 오래갔다. 백성을 사랑한 왕의 나라는 번영했고, 직원을 존중한 회사는 성장했으며, 서로를 배려한 가정은 견고했다. 그렇기에 만약 당신이 힘을 가졌다면, 그 힘의 근본이 무엇인지 잊지 말아야 한다. 당신을 그 자리에 있게 한 사람들, 당신 아래에서 당신을 떠받치고 있었던 사람들. 그들이 편안해야 당신도 편안하고, 그들이 무너지면 당신도 함께 무너진다. 힘이란 자신을 위해 쓸 때는 독이 되지만, 근본을 위해 쓸 때는 약이 된다. 그러니 힘을 가졌다면 그 근본을 어떻게 대해야 하는지 곰곰이 생각해 보아라. 그것을 어떻게 대하는지에 따라 당신의 미래가 바뀔 것이다.

"백성은 나라의 근본이니,
근본이 편안해야 나라가 편안하다."

002

불신은 악의가 아니라,
기다림에서 자란다

사람의 불신은 성냥과 같다. 마찰을 주지 않으면 아무 반응도 없지만, 불신이라는 마찰을 주는 순간 작은 불씨가 생기고 빠르게 타 버린다. 그래서 사람의 마음을 잃지 않으려면 불신이 가득 쌓여 마찰을 일으키기 전에 멈춰주는 것이 좋다. 조선에서도 불신을 없애기 위해 억울한 백성이 북을 쳐 임금에게 직접 호소할 수 있는 '격고 제도'라는 것이 있었다. 하지만, 이 격고 제도에는 억울함을 호소하기까지 긴 시간이 걸린다는 단

점이 있었다. 그 이유는 백성의 격고가 이루어지면 국가 중대 사건을 전담하던 기관인 의금부가 사건을 맡아 판단했는데, 관행적으로 전원이 모여야만 결정을 내릴 수 있었기 때문이다. 이에 따라 수사가 지체되는 일이 잦았다. 세종은 이 문제를 심각하게 받아들여 말했다. "사건이 모두 관계된 것이 아니라면, 한 사람만이라도 결정을 내릴 수 있지 않느냐." 억울한 일을 판단하는 데 형식과 절차를 이유로 시간을 끌지 말라는 뜻이었다. 세종대왕이 가장 염려한 것은 국가가 침묵하는 시간만큼, 백성의 마음에서는 신뢰가 빠르게 무너진다는 사실이었다.

　사람이 조직이나 관계를 불신하게 되는 이유는 대개 심각한 악의 때문이 아니다. "나중에 생각해 보자" "상황 봐서"와 같은 애매한 말들로 희망 고문을 하는 것이다. 이렇게 확답을 피하는 대화 방식은 상대에게 지속적인 심리적 긴장감을 주고, 관계 만족도를 유의미하게 떨어뜨린다. 그래서 사람에게 믿음을 얻기 위해 가장 중요한 것은 좋은 약속이 아니라, 확실함이다. 불확실하다면 불확실하다고, 어렵다면 어렵다고 말해주는 것이 상대방의 시간을 존중하는 가장 최소한의 예의다. 이는 약속할 때도 마찬가지다. 무엇을 약속할 때 할 것처럼 희망을 주는 척하며 결정을 미루는 행위는 신중함처럼 보일 수 있지만, 사실은 자신의 선택지를 보존하기 위해 상대의 시간을 담보로 잡는 것과 다름없다. 세종이 의금부의 관행을 문제 삼은 것도 바로 이 지점이었다. 형식과 절차라는 이름 아래 누군가의 억울함이 방치되어 있었고, 그 방치의 시간이 곧 불신의 씨앗이 되고 있었기 때문이다. 사람의 마음은 기다림에 익숙해지는 것이 아니라, 기다림에 무너진다. 그러니 지금 답을 줘야 하는 사람이 있다면, 좋은 답이 아니어도 좋다. 나중에 다시 말해보더라도, 정직하고 확실한 답을 먼저 건네는 것이 불신을 만들지 않는 가장 빠른 방법일 것이다.

"사건이 모두 관계된 것이 아니라면,

한 사람만이라도 결정을 내릴 수 있지 않느냐."

003

존중은 지위가 아니라
태도의 문제다

조선 시대 당시에는 노비제도가 존재했는데 노비가 잘못을 저지르면, 주인이 때려죽여도 관행처럼 용인되는 분위기가 있었다. 오히려 상하 질서를 잘 지켰다며 주인을 두둔하는 경우가 많을 정도였다. 그래서 세종 대왕은 이를 못마땅히 여겨 이렇게 말했다. "우리나라의 노비 법은 상하의 구분을 엄격하게 하기 위한 것이다. 사회 질서와 도덕, 사람들이 의지할 기준을 더 분명히 갖게 되었다고 여겨져 이것은 좋은 법이라 생각한

다. 그러나, 상 주고 벌주는 것의 권한은 임금에게만 있
다. 더구나 임금이라 해도 죄 없는 한 사람을 죽이는 일
은 함부로 할 수 없다. 선한 이에게는 복을 주고, 지나
친 것에는 화를 내리는 하늘의 이치조차도, 임금은 감
히 거스를 수 없는 것이다. 더욱이 노비는 비록 천민이
라도 하늘이 낸 백성이다. 신하 된 자로서 하늘이 낳은
백성을 부리는 것만도 만족해야 할 것을, 그 어찌 제멋
대로 형벌을 행하여 무고한 사람을 함부로 죽일 수 있
단 말인가. 임금 된 자의 덕은 사람을 살리려는 마음에
있어야 하는데, 무고한 백성이 많이 죽는 것을 보고 앉
아서 아무렇지도 않은 듯이 막지 않고, 그 주인을 치켜
올리는 것이 옳다고 할 수 있겠는가. 나는 매우 옳지 않
게 여긴다."

　세종대왕은 노비를 두고 부릴 수 있다는 사실만으로
도 이미 충분한데, 어찌 무고한 사람의 생명까지 마음
대로 다룰 수 있겠느냐고 말한 것이다. 이 말은 시대적
제도를 넘어, 힘을 가진 사람이 지켜야 할 두 가지 경

계를 말하고 있다. 첫째, 지위가 권력을 정당화하지 않는다는 것이다. 직급, 나이, 계약 관계가 상대를 함부로 대할 이유가 되지 않는다. 둘째, 감정과 권한은 구분되어야 한다. 화가 난다고 지위를 이용해 막 대한다면, 그건 합당한 것이 아닌 남용이다. 즉, 힘을 쓸 수 있는 위치에 있다는 것이 곧 마음대로 행동할 수 있는 권리를 의미하지는 않는다는 것이다. 오히려 그 자리는 더 엄격한 절제와 기준을 요구받는 자리인데 자신에게 그 권한이 있다고 해서 사람을 사람답게 대하지 않는다면, 그 못된 심보는 언젠가 반드시 자신에게 돌아온다. 아랫사람을 사람답게 대하지 않는 이들은 상하 관계의 질서가 무너지는 이유를 아랫사람의 부족함에서 찾으려 한다. 그러나 많은 경우, 그 균열은 무분별한 권력 남용에서 비롯된다. 만약 당신이 윗사람이라면 "내가 돈을 주니까 당연한 것"이라거나 "나보다 어리니까 당연한 것"이라고 여기며 사람을 대하지 마라. 이 세상에 당연하게 대해도 되는 사람은 없다. 존중은 지위가 아니라 태도의 문제다.

"노비는 비록 천민이라도 하늘이 낸 백성이다."

004

입을 닫게 만들지 마라

리더가 된 사람들이 가장 많이 하는 실수는 모든 것을 혼자 떠안으려 한다는 것이다. 리더라면 약한 모습을 보이지 않아야 하고, 틀리지 않아야 하며, 언제나 정답을 알고 있어야 한다고 착각한다. 그렇지 않으면 자신을 무시할 거라 생각하기 때문이다. 아이러니하게도 이런 편협한 생각을 가진 사람들은 모른다는 말과 사과를 잘하지 못한다. 그러나 이런 모습은 그를 따르는 사람들이 볼 때는 무시할 수 없는 리더가 아닌, 고집불

통인 리더로밖에 보이지 않는다. 세종대왕도 이런 말을 했다. "윗사람이 듣기 싫어하면, 아랫사람은 반드시 입을 닫는다."

그렇다. 윗사람이 듣지 않으려고 하는 그 순간부터 아랫사람들은 문제가 보여도 말하지 않게 되고, 잘못을 알아도 눈치부터 보게 된다. 그래서 "리더니까 욕먹는 건 당연하다"라는 생각으로 혼자 다 감당하려고 생각하지 말고, 오히려 모르면 모른다고 말하고, 틀렸으면 틀렸다고 인정하며, 필요할 때는 아랫사람들의 말도 들어야 한다. 그랬을 때 비로소 아랫사람들은 자신들의 진심을 보여주기 시작한다. 세종대왕도 이 점을 알고 이렇게 말했다. "임금이라 하여 어찌 허물이 없겠는가. 과오가 있다면 마땅히 말해 바로잡게 해야 한다." 이처럼 부족함이 있음을 인정하는 것은 자신의 무능함을 인정하는 것이 아닌, 타인의 의견을 받아들이고, 더 큰일을 해낼 수 있는 그릇임을 보여주는 것이다. 사람들은 완벽해 보이려 애쓰는 리더보다, 자기 자신을 객

관적으로 바라보고 현명한 판단을 내리는 사람에게 더 큰 존중과 충성심을 보인다. 리더는 고집이 세야 하는 게 아닌, 누구든 안아 줄 수는 대인이어야 한다. 그런데 권력에 취한 사람들은 싸우려고 한다. 아군을 적으로 만드는 건 리더가 아니라, 싸움꾼일 뿐이다.

그렇기에 꼭 리더가 아니더라도, 누군가에게 영향을 주는 자리에 있다면 자신의 부족한 부분을 지적하는 것을 두려워하지 말자. 자신을 낮게 보고 무시하는 것을 두려워하는 것보다 더 두려워해야 하는 것은 나의 편을 적으로 돌리는 것이다. 위대한 리더는 "해라!"라고 명령만 하기보다 "하자!"라고 말하며 함께 나아가는 사람이다. 위대한 리더는 "남이 나를 어떻게 생각할까?" 걱정하는 사람이 아니라, "남이 나에게 아무 말도 해 주지 않으면 어떡할까?" 걱정하는 사람이다. 그러니, 오늘부터 위대한 리더의 자세로 살아가길 바란다.

"윗사람이 듣기 싫어하면,

아랫사람은 반드시 입을 닫는다."

005

위기 속에서 리더가
가져야 할 자세

당시 조선에서는 재난을 단순한 자연 현상으로만 보지 않고, 정치와 통치의 문제를 성찰하게 하는 징후로 보았다. 그래서 가뭄이 들면 나라 차원에서 기우제를 올렸고, 정사가 바르지 못했던 것은 아닌지 스스로를 되돌아보는 것이 하나의 관례였다. 세종대왕도 가뭄을 비켜 가지 못했는데, 그 역시 자신의 정치에 부족함이 있었던 것은 아닐지 스스로 돌아보았다. 그럼에도 가뭄이 나아지지 않자, 신하들에게 말했다. "가뭄이 이토록

심하니, 정사에 잘못이 있는 것은 아닐까. 널리 옳은 말을 구하는 것이 마땅하지 않겠는가." 그리고 이어서 교서를 반포했는데 그 내용은 이러하다. "바르고 충성된 말을 들어 재변이 풀리기를 원하니, 정사의 잘못된 점과 백성의 고통을 숨김없이 모두 말하라. 그 말이 비록 사리에 꼭 맞지 않더라도 죄를 묻지 않겠다." 사람들은 무언가 잘못되면 먼저 외부에서 원인을 찾으려 한다. 경기가 나빠서, 시대가 어려워서, 상대방이 문제여서 책임의 화살은 언제나 바깥으로 돌린다. 그러나 세종의 태도는 그 방향이 달랐다. 가뭄이라는 자연의 재앙 앞에서도 "내 정사에 잘못이 있었던 것은 아닐까"라고 먼저 자신을 돌아본 것이다.

무엇보다 눈여겨보아야 할 것은 자기 성찰에 그치지 않고, 신하들에게 "틀린 말을 해도 좋으니 거리낌 없이 말하라"고 한 것이다. 이것은 리더가 위기 속에서 어떤 마음을 가져야 하는지 올바른 자세를 보여준다. 모르는 것을 모른다 하고, 부족한 것을 부족하다 인정하며, 주변의 목소리에 진심으로 귀 기울이는 것. 이는 비판조차 받아들일 줄 아는 내면이 단단한 리더만이 할 수 있는 행동이다. 이런 용기가 없는 사람은 누군가 옆에서 조언과 충고를 해 주어도 듣지 않고, 화만 낸다. 하지만 이를 두려워하지 않는 사람은 그 어떤 리더들보다 빠르게 성장하고 훌륭한 리더로 성장한다. 비판을 두려워하지 않는 사람만이 비판으로부터 성장할 수 있기 때문이다. 세종이 위대했던 것도 그가 완벽해서가 아니다. 자신의 불완전함을 직시하고 그것을 채우려 했기 때문에 나날이 성장하는 왕이 될 수 있었다. 오늘 우리에게 필요한 것도 바로 이런 자세이다. 타인에게 문제를 떠넘기고, 회피하는 것이 아닌, 그 위기와 직접 마주보는 것. 그런 용기를 가진 사람만이 더 큰일을 해낼 수 있을 것이다.

**"그 말이 비록 사리에 꼭 맞지 않더라도
죄를 묻지 않겠다."**

Chapter. 05

성장하는 사람은 무엇이 다른가

세종대왕

넘어야 할 벽은
사라지지 않는다

사람은 자신을 방어하기 위해 본능적으로 듣기 싫은 말이나 피하고 싶은 상황들을 맞닥뜨렸을 때, 정면으로 부딪치기보다는 회피하려는 마음을 가지게 된다. 그러나 어려운 일을 많이 겪어본 사람일수록 또 다른 어려움이 왔을 때 정면으로 마주하게 된다. 똑같이 회피하고 싶은 마음이 있지만, 불편함을 미루는 선택이 문제를 해결하는 경우가 드물다는 것을 알게 되기 때문이다. 그래서 세종대왕도 회피하거나 책임지지 않는 행동을 좋아하지 않았다. 그런 그의 생각을 엿볼 수 있었던 기록이 있다. 어느 날 외교 사절인 동지사들이 모두 결석해 경연을 쉬자고 청한 적이 있었는데 그날은 일정이 맞지 않아 한 번쯤은 쉬어도 될 법한 날이었다. 하지만 세종대왕은 그러지 않았다. 그는 좌부대언 윤회에게 명령해 《대학연의》를 읽게 하며 경연을 그대로 이어가게 했다. 《대학연의》는 임금이 어떤 마음과 태도로 권력을 써야 하는지, 욕망과 두려움에 끌려가면 어떤 결말을 맞는지를 다룬 책이다. 그날 읽은 글에서는 왕길이라는 신하가 창읍왕에게 잘못을 바로잡으라고 간언하다 죽게 된 이야기가 나온다. 창읍왕은 권력을 지키기 위해 간언을 피했고, 불편한 말을 하는 사람을 밀어냈다. 결국, 눈앞의 위기만 넘기려는 선택을 반복하다가, 더 큰 파멸로 나아간 인물이었다.

이 내용을 읽고 세종은 이렇게 비유하며 말했다. "들짐승이 아무리 빠져 달아나도 사냥꾼은 반드시 잡고만다. 그 짐승이 험한 곳으로만 내달리며 넘어져 죽게 될 것은 생각하지 않으니, 지극히 어리석다고 할 수밖에 없다." 이 말은 책임이 두려워 혹은 당장 불편한 말을 듣기 싫어서 도망간다면, 결국 스스로를 더 위험한 길로 몰아넣는다는 뜻이다. 또한 신하들에게 "책임을 피해 요령을 부리지 말라"는 경고이자, 동시에 "왕인 나부터 도망치지 않겠다"는 세종대왕의 다짐이기도 하다. 어쩌면 그의 말은 성장하고 싶은 사람들이 명심해야 할 지침서일지도 모른다. 인생을 살다 보면 상황이나, 관계에 따라 저마다 다른 책임감을 지는 사람이 있고, 그것을 회피하고 떠나는 사람이 있다. 예를 들어 친구는 맞지 않으면 거리를 두지만, 가족은 맞지 않아도 함께한다. 연인은 맞지 않으면 이별하지만, 자녀가 있는 부부는 맞지 않으면 맞춰간다. 직원은 회사가 어려우면 퇴사하면 되지만, 사장은 어려워도 이를 악물고 버틴다. 같은 상황 앞에서도 누군가는 돌아서고, 누군가는 버틴다.

이렇게 버티는 사람은 더 강해서가 아니라, 그것이

책임이라는 것을 알기 때문이다. 그것을 회피해 봤자 결국 또다시 나에게 돌아올 화살이라는 것을 안다는 것이다. 즉, 책임을 진다는 것은 거창한 결심이나 극적인 희생보다는 선택의 문제에 가깝다. 불편함을 감수하고 현실을 직시할 것인가, 잠시 편해지기 위해 눈을 돌릴 것인가의 차이일 뿐이다. 그렇다고 책임이 꼭 어려운 것을 이겨내는 시련이라고 보면 안 된다. 책임은 등가교환이라고 할 수 있다. 등가교환이란, 원하는 것을 얻으려면 그에 상응하는 무언가를 주는 것이다. 내가 지금 책임을 지면 조금은 시간이 걸리더라도 그에 상응하는 대가가 주어지게 된다. 물론 힘들고, 외롭고, 아플 수도 있다. 하지만 그것을 이겨낸 후에는 그 통증만큼 나에게 큰 대가를 가져다주게 되어 있다. 그래서 우리는 조금 불편하고 무겁더라도 회피보다는, 책임지는 선택지를 먼저 볼 필요가 있다. 여기서 중요한 것은 도망치지 않는 사람이 아니라, 내가 도망가려는 곳이 어디인지 정확하게 아는 것이다. 세종의 말처럼 사냥꾼에게 벗어날 수 없는 곳이라면 도망보다는 정면으로 마주해야 할 것이고, 더 험한 곳으로 내달리고 있다면 더 안전한 선택지를 찾아보아야 한다. 무작정 낙원을 찾아 떠난다면 도망간 그 낙원에서 그 벽을 또다시 마주하게 될 테니 말이다.

**"그 짐승이 험한 곳으로만 내달리며
넘어져 죽게 될 것은 생각하지 않으니,
지극히 어리석다고 할 수밖에 없다."**

002

무엇이
인생의 발목을 잡는가

인사청문회라는 제도가 있다. 국회의원은 해당 인사 청문회 회의에서 후보자가 공직에 대한 수행 능력과 인성적 자질을 갖추고 있는지 질문을 통해 검증한다. 종종 인사청문회를 하는 것을 보면, 정치적 공방의 장처럼 보이기도 한다. 그러나 본래의 목적은 공격이나 망신을 주기 위한 것이 아닌, 권한이 클수록 투명성에 대한 요구도 커지기 때문에, 의혹이 있다면 해명할 기회를 제공하는 기능을 하기도 한다. 그런데 이런 인사

청문회와 비슷한 제도가 조선 시대에도 있었다. 바로 '서경 제도'라는 것이다. 서경에서 '서'는 '서명'을, '경'은 '거친다'를 뜻한다. 쉽게 말해, 왕이 관리를 임명했다고 해도 대관이라고 불리는 관리들이 이에 동의하고 나서, 임명장에 서명해야만 비로소 효력이 발생하는 제도다. 만약 관리들의 서명이 없으면 왕이 임명했을지라도 관직에 오를 수 없다. 이 제도는 고려에서 조선까지 이어졌지만, 조선은 개국 초기 태조 때, 인재를 끌어들이기 위해 4품 이상에게 서경 제도를 적용하지 않았다.

이는 당시 나라를 세우는 과정에서 불가피한 임시 조치였다. 그러나 이런 임시 조치가 관행이 되어버려 고위 관직에 있는 이들은 더 이상 권리의 눈을 의식하지 않게 되었고, 책임이 커질수록 더 조심해야 할 자리에 오히려 염치가 사라지고 있었다. 이를 못마땅하게 여긴 신하들은 이런 부분을 해결해 달라며 세종에게 상소를 올렸다. 세종은 이를 확인한 뒤 이렇게 말했다. "고려 말기에 서경 제도로 임명장을 내릴 때, 애매한 사실은 어물어물하고 나오지 않았기 때문에 실로 제대로 되지 못하였다. 그러나 이제부터는 천민 신분과 직접 관련된 사건이 아닌 이상, 고려 시대의 일을 끌어와서 말하지 말고, 건국한 이후의 사실만 가지고 토의하여 실시해라. 만일 다른 의견이 있으면 공동으로 상의하여, 이것을 일정한 규례로 삼게 하라." 이는 애매했던 고려의 관행을 반복하지 말고, 조선의 기준으로 분명하게 논의하자는 말이었다.

세종대왕은 불편한 순간이 오면 "예전부터 그래 왔어" "그렇게 하는 데에 이유가 있겠지"라는 말로 자신이 편한 대로 갖다 붙이는 사람들의 속마음을 꿰뚫어 보았던 것이다. 그래서 "지금 이 나라의 기준으로, 지금의 사례로 논의하라"고 못 박았다. 이런 선을 긋는 태도는 상대방을 대할 때도 중요하지만, 사실 나에게도 매우 중요하다. 사람은 중요한 순간에 지난 과거의 잣대를 현재에 들이밀 때가 많다. 과거의 상처, 예전의 실패들을 가져와 "나는 운이 안 좋아" "저번에도 떨어졌잖아"와 같은 말로 자신의 성장을 막을 때가 많다. 이런 말들은 더 이상 성장하지 않겠다고 말하는 것과 같다. 세종대왕이 경계한 것도 바로 이 점이다. 고려의 서경 제도가 제대로 운영되지 못했던 이유는 기준이 없어서 가 아니라, 중요한 순간에 기준을 분명히 하려는 노력 을 피했기 때문이다. 분명하지 않은 일은 어물어물 넘 기고, 필요할 때만 갖다 붙이는 행동들이 제도의 순기 능을 무너뜨린 것이다. 그래서 우리의 인생에서도 어디 든 갖다 붙이는 습관은 조심해야 한다.

그리고 무엇보다 우리가 알아야 할 건, 삶의 기준은 한 번 정해지면 끝나는 게 아닌, 살아온 만큼 다시 조정 되어야 한다는 것이다. 예를 들어 10대 때에는 "열심히 하면 다 잘될 거야"라는 말은 매우 힘이 된다. 아직은 가능성이 넘쳐나는 시기이기 때문이다. 그러나 20대에 들어서면 생각이 조금 달라진다. 노력만으로는 해내지 못하는 현실을 마주하기 때문이다. 그리고 30대가 되 면, "무엇을 붙잡고, 무엇을 내려놓아야 할까"를 고민하게 된다. 더 잘되는 것보다 덜 무너지는 선택이 중요한 시기가 됐기 때문이다. 이처럼 같은 상황일지라도 나이에 따라 나의 해석과 의미가 달라지는 것을 알아야 한다는 것이다. 그 변화를 외면할수록 우리는 늘 과거의 기준으로 오늘을 다그치게 된다. 그럼, 예전에는 맞았던 선택이 지금은 나를 지치게 할 것이고, 한때는 나를 지켜주던 신념이 어느 순간 나의 발목을 잡게 될 것이다.

그래서 시간과 상대방만 변한다고 착각하지 말아야 한다. 나 또한 변한다는 것을 명심하고, 항상 유동성 있게 바라보려 노력해야 한다. 과거를 부정하라는 것이 아니다. 어제의 나를 이해하되, 오늘의 나에게 결정권을 돌려주라는 말이다. 만약, 여태까지 나를 지켜주었던 치졸한 생존 방식이 오늘의 나를 계속 붙잡고 있다는 생각이 든다면, 세종이 그랬듯 그 기준은 오늘부터 버리고 현재에 맞는 새로운 기준을 세워보길 바란다. 그럼, 멈춰 있던 당신의 성장 시간은 다시 물 흐르듯 흐르게 될 것이다.

"고려 시대의 일을 끌어와서 말하지 말고,
건국한 이후의 사실만 가지고 토의하여 실시하라."

003

한 번은 실수,
반복은 선택적 고의다

조선 시대에 집이 기울어 무너져 많은 사람이 죽은 큰 사고가 있었다. 이때 세종은 의금부 이맹균에게 이렇게 말했다. "대저 기울어져 위험한 집을 바로잡고자 한다면, 장비와 안전 설비를 제대로 갖추고, 조심하는 마음을 가져야 비로소 후환이 없을 것이다. 그런데 물자 관리들은 장비와 안전 설비를 갖추지 않았으니 그 죄의 첫째이며, 그 집이 기울어져 전복되게 한 것이 그 죄의 둘째이며, 많은 사람을 압사하게 한 것이 그 죄의 셋째이며, 즉시 구조하여 살리지 아니한 것이 그 죄의 넷째이며, 구조하지 아니하고 다투어 돌아온 것이 그 죄의 다섯째이다. 사람이 치였으면 마땅히 놀라서 구조하기에 겨를이 없어야 했을 것인데, 처벌받을까 봐 그것부터 걱정했고, 급히 달려가 사람을 구하지 않아 살릴 수 있었던 사람들까지 결국 죽게 만들었다. 아마 그들은 모여 술을 마시고 크게 취해 상황을 제대로 돌보지 않았을 것이다.

그들의 태도는 매우 무책임하고 잘못되었다. 정확한 경위를 철저히 조사해 보고하라." 세종은 무엇이 어떻게 잘못된 것인지 조목조목 짚으며 다섯 가지 죄를 언급했다. 이는 처음부터 조심했으면 괜찮았을 것이지만, 그럼에도 "괜찮겠지"라고 생각하며 넘긴, 그들의 잘못을 꿰뚫어 보고 말한 것이었다. 문제를 만났을 때 중요한 것은 실수를 했느냐가 아니라, 실수를 대하는 태도다. 사람은 누구나 한 번쯤 판단을 그르칠 수 있다. 그러나 같은 이유로 같은 잘못이 반복된다면, 그것은 더 이상 우연이 아니다. 한 번은 실수이지만, 두세 번은 선택적 고의이기 때문이다. 문제를 풀 때 실수도 실력이라는 말이 있다. 실수가 습관이 되고, 습관은 결국 성향이 된다는 것도 이와 같은 맥락이다.

이런 이유에서 세종이 짚은 다섯 가지 죄는 단순한 처벌 기준이 아니었다. 문제가 있음을 알고도 그렇게 행동해 왔다는 점을 말한 것이다. 그래서 우리는 똑같은 문제나 실수를 했을 때 '운이 나빴다'라고 말하기 전에 먼저 돌아봐야 한다. 나는 정말 조심했는가. 나는 정말 대비했는가. 실수는 누구나 할 수 있지만, 그것이 반복되면 그건 자신이 선택한 것이다. 만약 똑같은 실수를 저지르지 않으려면 작고 별것 아닌 일이라도 무심코 넘어가기보다 한 번은 더 확인하고 귀찮더라도 움직여 보는 사람이 되어야 한다. 사람도 똑같다. 지금의 당신이 타인의 영향을 받아 지금의 삶을 산다고 생각할 수도 있지만, 그 타인 또한 당신이 선택했음을 잊지 마라. 아무리 강제적일지라도 당신은 의지를 갖고 있는 한, 다 당신의 선택으로 지금의 하루를 보내는 것이다.

"급히 달려가 사람을 구하지 않아 살릴 수 있었던

사람들까지 결국 죽게 만들었다."

004

준비된 한 사람이
준비되지 않은 다수를 이긴다

양과 질 중 무엇이 더 좋을까? 이 질문에 정답이 있기보다는 상황에 따라 답이 달라질 것이다. 경험을 쌓거나, 가능성을 넓히거나, 시행착오가 필요한 단계에서는 양이 또 나름대로 큰 힘이 되기도 한다. 많이 시도하고, 부딪혀 보고, 만들어 보는 과정에서 감각이 생기고 기준이 생기기 때문이다. 이 단계에서는 질을 따지면 오히려 아무것도 시작하지 못하는 경우도 많다. 반대로 중요한 선택의 순간에는 질이 모든 것을 좌우할 때가 많다. 사람, 결정, 방향처럼 한 번의 선택이 오래 영향을 미치는 문제에서는 숫자보다 본질이 중요해진다. 사람 수가 많다고 좋은 팀이 되는 것도 아니고, 기회가 많다고 좋은 결과로 이어지는 것도 아니다. 특히 일을 할 때 이러한 차이는 확실하게 드러난다. 사람이 많으면 일이 빨리 굴러갈 것 같고, 책임도 분산되어 안정적일 것이라 생각하는데, 현실에서는 회의실에 열 명이 모여도 결론이 나지 않고, 수십 명이 투입된 프로젝트가 제자리걸음 하는 걸 볼 수 있다.

그러나 단 한 사람의 등장으로 질질 끌던 문제가 해결되고, 멈춰 있던 일이 핵심 인재 한 명으로 급물살을 타기도 한다. 그래서 중요한 순간일수록 사람을 '얼마나 모을 것인가'보다 '누구를 세울 것인가'를 먼저 고려하는 것이 현명한 선택일 수도 있다. 이 점을 가장 분명하게 보여주는 세종대왕의 사례가 있다. 여진족의 한 세력인 '올량합'이 침입한 적이 있었다. 당시 세종대왕은 세 의정과 고위 관료들을 불러 대책을 논의했는데 신하들은 한목소리로 말했다. "이는 작은 도적이니, 그 지역 군사만으로도 충분히 막을 수 있어 금군(최정예 중앙군)을 멀리 보낼 필요는 없습니다." 전력과 상식만 놓고 보면 합리적인 판단이었다. 그러나 세종은 그 '당연한 논리' 속에 무엇이 빠져 있는지를 보고 있었다. 이미 그 지역에는 군사가 있고, 상대는 '작은 도적' 정도였지만 세종은 이렇게 말했다. "싸움에 이기고 지는 것은 한 사람의 용맹하고 비겁함에 달려 있다."

세종은 준비되지 않은 수백 명보다 준비된 한 사람이 더 중요하다고 보았다. 아무리 병력이 많아도 싸울 줄 모르고, 전략이 없는 싸움은 이기더라도 피해가 있을 것이라 생각했기 때문이다. 그래서 그는 그곳에 집이 있는 자들을 지휘자로 선발했고, 그 지역 지리를 잘 알고 있는, 건장하고 날랜 23명의 사람을 골라 보냈다. 세종이 보낸 병력은 전력을 보태기 위한 병력이 아닌, 현장을 흔들 수 있는 준비된 자들을 보낸 것이었다. 준비되지 않은 다수는 지시를 기다리며 움직이지만, 준비된 소수는 상황을 읽고 스스로 판단한다. 이처럼 같은 자리에 있어도, 준비된 사람과 그렇지 않은 사람은 전혀 다른 선택을 하게 된다. 결국 중요한 순간에 차이를 만드는 것은 숫자가 아니라 준비된 사람이다. 방향은 언제나 준비된 사람에게서 나온다. 무엇을 해야 할지 알고 있는 사람, 스스로 판단할 수 있는 사람, 책임을 감당할 수 있는 사람은 정확한 방향을 안다. 이는 우리 삶에서도 마찬가지다. 관계든 일이든, 우리는 양적인 것으로 안정감을 구하려 하지만 열 명의 친구보다 한 명의 깊이 있는 친구가 있으면 더 원만한 관계를 맺으며 살아갈 수 있고, 열 명의 사람보다 한 명의 인재를 곁에 두어야 회사가 더 빠르게 성장한다. 그렇기에, 정말 중요한 것에는 양으로 승부를 보려 하지 말고 준비된 한 사람, 제대로 된 선택을 하려 해보자. 중요한 순간일수록 더 많이 가지려 하기보다, 더 제대로 갖추려 해야 하는 이유가 여기에 있다.

"싸움의 이기고 지는 것은

한 사람의 용맹하고 비겁함에 달려 있다."

005

한 번의 경험이
수백 번 전해 들은 것보다 낫다

백문이 불여일견(百聞이 不如一見) "백 번 듣는 것이 한 번 보는 것만 못하다"는 말이다. 누군가에게 전해 들은 이야기는 아무리 생생하고 자세할지라도, 직접 눈으로 확인한 순간의 경험을 따라가지 못한다. 우리는 매일 수많은 정보를 '전해 들으며' 살아간다. 뉴스를 통해 멀리 떨어진 곳의 사건을 접하고, 누군가의 이야기를 통해 가보지 못한 장소를 상상하며, 책을 통해 경험하지 못한 삶을 간접적으로 느낀다. 이 모든 간접 경험은 분명히 가치 있고 필요하다. 하지만 그것이 직접 경험을 대체할 수 있지는 못한다. 바다를 한 번도 본 적 없는 사람에게 바다를 설명한다고 상상해 보자. 수평선 너머로 끝없이 펼쳐지는 물, 파도가 모래사장에 부서지는 소리, 짭조름한 바람의 냄새 등 아무리 언어가 정교하고 묘사가 섬세하더라도, 그 사람이 처음 바닷가에 서서 눈앞의 광경을 마주했을 때 느끼는 감각과 감동을 완벽히 전달하기란 불가능하다.

이는 어떤 문제나 상황을 이해할 때도 마찬가지다. 직장에서의 갈등, 타지에서의 생활, 큰 실패 앞에 선 순간 옆에서 지켜보거나 이야기로 전해 듣는 것과, 그것을 몸소 경험한 사람은 본질적으로 다르다. 그래서일까. 세종대왕도 윤면이라는 신하가 함길도는 해마다 흉년이 들어 백성들이 먹고살기조차 어렵다고 공사를 멈춰 달라고 이야기했을 때 이런 말을 했다. "전해 들은 말은 직접 본 것만 못하다. 내가 어찌 대신들이 직접 보고한 내용을 믿지 않겠는가." 윤면은 함길도에 흉년이

들어 백성들이 살기 어렵다는 이야기를 전해 들은 것
이었고, 세종은 직접 그곳에 파견해서 파악하고 일하고
있는 대신들의 말을 믿은 것이었다.

이처럼 전해 들은 것과 직접 가서 본 사람의 판단은
다르다. 그렇다고 직접 경험만이 전부라고 말하려는 것
은 아니다. 인류가 지식을 축적하고 문명을 이룰 수 있
었던 것은 바로 이 간접 경험과 기록의 힘 덕분이다. 역
사를 직접 살지 않아도 배울 수 있고, 위험한 상황을 겪
지 않아도 지혜를 얻을 수 있다. 간접 경험은 삶의 폭을
넓혀주는 소중한 도구다. 그러나 중요한 것은 간접 경
험에 과도하게 의존하거나, 그것을 직접 경험과 동일
시하는 착각에서 벗어나야 한다. 가능하다면 직접 보
고, 직접 느끼고, 직접 부딪쳐야 한다. 두려움이나 귀찮
음으로 간접 경험에 만족하기보다, 세상 속으로 한 발
짝 더 나아가 보아야 한다. 그 한 번의 직접적인 경험
이, 수백 번을 전해 들은 이야기보다 깊고 오래도록 당
신 안에 남을 것이다.

"전해 들은 말은 직접 본 것만 못하다."

006

함부로 쓰지도 말고
지나치게 아끼지도 마라

세종대왕이 이런 말을 했다. "옛사람이 말하기를, 재물을 생산하는 데는 한계가 있으니 함부로 써서는 안 된다고 하였고, 큰일을 성취하는 사람은 작은 비용에 구애받지 않는다고 하였다. 이 말로 보면 함부로 낭비해서도 안 되지만, 또 지나치게 인색하게 아껴서도 안 되는 것이다." 세종은 재정 운용에서 균형을 강조했다. 무분별한 낭비도, 지나친 인색함도 경계한 것이다. 그러나 사람들이 항상 반대로 한다. 아껴야 할 땐 쓰고,

써야 할 땐 안 쓴다. 예를 들면, 커피 한 잔은 매번 사 먹으면서 책 한 권 사는 건 망설이고, 야식은 거리낌 없이 시키면서 건강검진 비용엔 한참을 고민한다. 이처럼 필요한 데 쓰는 돈엔 민감하고, 기분 내는 돈엔 둔감하다. 하지만 무언가를 살까 말까 할 때, 사지 말아야 하는 이유가 가격뿐이라면 사야 하고, 사야 하는 이유가 단지 기분, 충동, 혹은 남들도 다 하니까라면 사지 말아야 한다.

세종대왕이 '큰일을 성취하는 사람은 작은 비용에 구애받지 않는다'고 말했는데, 기분에 따라 쓰는 사람들은 자신이 한 일이 큰일을 성취하기 위한 비용이라 생각한다. 그래서 길을 가다가 이상하게 생긴 오리 인형 같은 걸 사 버린다. 그리고 그것을 큰일을 위해 기분 전환을 했다고 생각한다. 그러나 이건, 기분 좋으라고 쓰는 비용이다. 그래서 우리가 인생을 살아감에 있어서 꼭 돈이 아니더라도 시간, 사람, 취미생활 등 모든 방면에서 기분에 따른 소비와 행동은 줄여야 한다. 무조건 아낀다고 좋은 것도 아니고, 무조건 쓴다고 내가 더 나은 사람이 되는 것은 아니지만, 그 기분에 따라 움직이지 않았을 때 좀 더 필요한 곳에 그 돈과 시간을 분배할 수 있다. 그러니 이제는 기분에 따라 소비하지 말고, 아껴야 할 땐 아끼고 써야 할 땐 쓸 줄 아는 사람이 되자.

"함부로 낭비해서도 안 되지만,
또 지나치게 인색하게 아껴서도 안 되는 것이다"

007

멈출 이유 대신
밀어붙일 이유를 택하라

　세종대왕은 농업 생산성을 높이기 위해 수차 제작을
지시한 적이 있었다. 수차는 물레방아의 원리를 활용해
물을 끌어올리는 장치로, 오늘날의 전기 모터 없이 작
동하는 농업용 펌프와 비슷한 기계였다. 설치가 제대로
이루어졌는지 확인하기 위해 현지에 다녀온 '이극관'이
그 상황을 보고했다. "철원과 수원에 가서 수차를 설치
한 상황을 살펴보니, 기계는 모두 갖추어졌으나, 물이
즉시 새어버려 농지에 물을 댈 수 없었습니다." 이를 듣

고, 세종대왕이 '안숭선'을 만나 이렇게 말했다. "태종 때에는 '우희열'이 제방을 감독해 쌓는 일을 자기의 임무로 삼고, 여러 사람의 질책을 무릅쓰고 열심히 해서 태종께서 칭찬하셨다. 당시 제방이 모두 완벽했던 것은 아니었는데도 실제로 물을 대는 데 활용할 수 있는 곳이 많았고, 그로 인해 백성들은 적지 않은 이익을 받았다. 그런데 지금은 국가의 일에 밤낮으로 마음을 다하는 자가 적으니 진실로 탄식할 일이로다. 수차는 본래 가뭄을 대비하기 위한 장치였다. 그러나 이를 맡은 관리들은 충분한 고민 없이 자갈밭에 설치해 제대로 사용하지 못하게 만들었다. 이는 있어서는 안 될 일이다. 중국에서 왜국까지 모두 수차의 이익을 누리고 있는데, 어찌하여 우리나라에서만 이를 제대로 시행하지 못한단 말인가. 내가 여기에 마음을 두고 잊지 못하는 것은 급하게 백성들에게 이익을 보게 하려고 함이 아니다. 나는 반드시 성공시키고야 말 것이니, 꼭 이 일을 맡을 만한 사람을 골라서 각도에 나누어 보내도록 하라."

우리는 무언가를 할 때 세종대왕의 투지를 본받아야 한다. '안 되지만 해봐야지'라고 생각하는 사람이 있고, '안 돼도 되게 하겠다'는 마인드를 가진 사람이 있다. 안 될 수도 있다고 생각하는 사람은 어디선가 멈출 이유를 찾게 되고, 어떻게든 되게 하겠다고 마음먹은 사람은 끝내 방법을 찾아내서 하게 된다. 그렇기에 우리는 어떻게든 해내겠다는 마인드로 임해야 한다. 현실적으로도 항상 조건이 부족하고, 환경은 좀처럼 완벽해지지 않는다. 그래서 상황이 될 때 하겠다는 마음으로 임해야 할 게 아니라, 안 돼도 해내겠다는 마음이 중요하다. 세종이 일을 시킨 사람에게 본 것도 기술이 아니라, 그 사람이 얼마나 마음을 다하고 있는가였다. 완벽한 조건을 기다리면 아무것도 변하지 않지만, 부족한 조건 속에서도 밀어붙이는 사람에게는 아무리 작은 몸짓이라도 무언가를 해낼 수 있음을 알았기에, 그토록 마음을 다할 줄 아는 사람을 찾았던 것이다. 할 수 있을 때 시작하는 사람은 많지만, 어려워도 계속 밀고 가는 사람은 많지 않다. 그래서 대부분의 결과는 능력의 차이보다 '지속성'의 차이에서 갈린다. 조금 더 버틴 사람, 조금 더 고민한 사람, 조금 더 방법을 찾은 사람이 끝내 격차를 만들 것이다. 만약 해내고 싶다면 세종대왕처럼 처음부터 되게 한다는 마음가짐으로 임해보길 바란다.

"나는 반드시 성공시키고야 말 것이니,
꼭 이 일을 맡을 만한 사람을 골라서
각도에 나누어 보내도록 하라."

Chapter. 06

나를
왜 지켜야 하는가

세종대왕

기준은 항상
나에게 있어야 한다

　사람들과 인맥을 쌓고 또 친해지다 보면 좋은 사람이 생김과 동시에 싫은 사람도 생기게 된다. 그리고 그 싫은 사람 중 심한 경우 원수가 되기도 하는데 보통 더 이상 마주치지 않는 관계가 한 명쯤은 생기게 된다. 특히, 원수처럼 멀어지게 된 경우, 멀어짐을 당한 사람보다 관계를 끊은 사람이 상대에게 더 베풀고, 아껴줬을 가능성이 크다. 조금은 섭섭해도 이해하려고 하고, 힘들다고 하면 도와주고, 조금은 이기적인 면을 알고도

내 사람이라 생각해 모른 척 넘어갈 때가 많았을 것이다. 그래서 더 아껴준 사람이 매번 진다. 그러나 가장 많이 후회하는 사람은 멀어짐을 당한 사람일 것이다. 그때는 몰랐을 테니, 내가 얼마나 배려를 받고, 깊은 사랑을 받고 있는지 말이다. 그래서 그 당연함이 없어지면 뒤늦은 후회를 한다. 그렇게 다시 "미안했다"라며 연락하는 사람이 과반수다. 그러나, 잔인하게도 끊어낸 사람은 단번에 밀어내기보다 "내가 너무 한순간에 이 사람을 끊어냈나?"라고 생각할 때가 많다. 그래서 자기가 아무리 상처받았더라도 옛 추억에 다시 받아줘야 하나, 아니면 다시는 보지 말아야 하나 고민도 할 것이다. 이는 세종대왕이 왜적들의 침략에 대해 한 말을 보면, 어떻게 해야 하는지 그에 대한 답을 엿볼 수 있다.

세종대왕은 이런 말을 했다. "왜적들이 여러 섬에 흩어져 살며 기근이 들 때마다 해마다 양식을 구걸해 오면, 조정은 곧바로 곡식을 내주었다. 더 나아가 우리 변방의 고을에서 장사하는 것까지 허락해 주었다. 그들이 연명하며 살아갈 수 있었던 것은 전적으로 우리나라의 은덕 덕분이었다. 허나, 그들은 이 은혜를 조금도 돌아보지 않았다. 변방의 백성들을 침략하면서도 아무 일 없다는 듯 행동했고, 군사를 일으켜 충청도 도두음곶이를 침범하여 우리 백성들을 죽이고 병선을 불태웠다. 이어 황해도 해주 일대까지 들어와 노략질을 일삼았다. 그럼에도 이미 우리나라에 와서 귀화한 왜인들은 곧 우리나라의 백성이라. 그 이름을 따로 밝혀 등록하게 하고, 각 포구의 병선에 분배하되 집마다 세금을 면제하고, 그 이름을 적어서 알릴 것이며, 이 중에 공이 있는 자는 반드시 상을 후히 줄 것이다."

이는 은혜를 저버린 자에게는 엄중히 대응하되, 이미 나라의 품 안으로 들어온 이들에게는 책임과 역할을 분명히 맡기겠다는 뜻이었다. 사람 관계 또한 이와 다르지 않다. 배려했다고 해서 나한테 똑같이 잘해야 하는 것은 아니지만, 그것이 반복적으로 상처로 돌아온다면 더 이상 정만으로 붙잡을 문제가 아니기 때문이다.

무조건적인 용서는 때로 또 다른 상처를 허락하는 일이 되기도 한다. 그래서 한 번 관계를 끊고 나에게 돌아온 사람에게 다시 손을 내밀 것인가, 조용히 거리를 둘 것인가는 상대의 말이 아니라, 그동안의 행동을 되짚어 봐야 한다. 상대의 말에 요동치는 마음이 곧 다시 받아줘야 한다는 의미는 아니다. 아껴줬기에 상처도 컸던 것이고, 그 상처는 쉽게 지워지지 않는다. "미안하다" "바뀔게"라는 다시 온 연락에 너무 많은 생각을 할 필요는 없다. 한때의 정과 추억이 판단을 흐릴 수는 있어도, 관계의 본질까지 바꾸지는 못한다. 그래서 세종대왕이 귀화한 왜인들을 대했던 것처럼, 종종 다투고 싸웠을지라도 여태까지 줄곧 곁에 남아 진심으로 함께하는 이들에게 더 깊은 신뢰와 애정으로 보답하는 것이 현명한 선택일 수도 있다. 그들은 그런 부딪침 속에서 나를 이해하고 맞춰가려는 사람일 테니까 말이다. 그러니 다시 받아줄지 말지의 기준은 상대의 후회가 아니라, 내 마음이 얼마나 온전해졌는가에 두어야 할 것이다.

"그들이 연명하며 살아갈 수 있었던 것은

전적으로 우리나라의 은덕 덕분이었다.

허나, 그들은 이 은혜를 조금도 돌아보지 않았다."

002

다른 것을 비슷한 것으로
치부하지 마라

　세종대왕은 국정 운영을 논의하던 중, 도성 수축 공사에 참여한 군인들이 많이 죽었다는 소식을 듣게 되었고, 그 이유가 무엇인지 물었다. 이에 공조 참판 이천이 답했다. "고위 관원들 수십 명 가운데에서도, 박춘귀처럼 병들어 죽은 사람도 있는데, 하물며 30여만의 군인 중에서 5, 6백 명이 죽는 것이 무엇이 괴이합니까." 이천의 논리는 간단했다. 수치로 보면 자연스러운 비율이라는 것이다. 그러나 이천이 나간 후 세종은 최측근

참모에게 이렇게 말했다. "이천의 말은 전혀 옳지 못하다. 군인의 죽은 것이 어찌 박춘귀의 〈병들어 죽은 것과〉 같으냐."

군인들은 과도한 노동과 열악한 조건 속에서 죽었고, 박춘귀는 병으로 죽었다. 두 죽음의 원인은 근본적으로 달랐기에 세종은 이는 명백히 사람을 숫자로 보고 있다고 문제 삼으며 말한 것이었다. 이는 정말 주의해야 하는 사고방식이다. 사람을 '숫자'로 보는 순간, 사람은 더 이상 보호의 대상이 아니라 관리의 대상이 된다. 그러면, 점점 그들의 이야기에 관심을 가지지 않게 된다. 대신 그들의 불평, 불만을 막기 위해 "너만 그런 거 아니야" 같은 말로 불편함을 덮어 버리는 표현을 사용할 것이다. 이는 이천이 박춘귀와 군인들의 죽음을 그저 통계상 동일한 사건처럼 여겼던 태도와도 다르지 않다. 숫자로 보면 같아 보일지 몰라도, 각자의 삶과 사정까지 같아지지는 않는다. 통계는 통계일 뿐 그것이 타인의 걱정과 아픔을 아무렇지 않게 만들 수는 없다. 그러나 안타깝게도 사람을 숫자로 보고 일반화시키는 표현들은 오늘날에도 쉽게 들을 수 있다. "다들 그렇게 버텨", "사회가 원래 그래", "그 정도는 흔한 일이야"와 같은 말들로 어렸을 때부터 희생을 당연한 것으로 만들어 왔다. 그러나 이런 말들이 반복될수록, 누군가는 더 깊은 곳에서 혼자 무너지게 된다. 그래서 나의 아픔을 누군가 당연하게 말하거든 쉽게 받아 주지 말자.

내가 상처받았다면 상처받았다고 말해야 한다. 안전모를 쓰고 넘어진 사람과, 맨머리로 바닥에 머리를 부딪힌 사람은 같은 순간에 같은 힘으로 넘어졌더라도 통증과 후유증이 다르다. 충격의 크기보다, 그 사람이 놓여 있던 조건이 달랐기 때문이다. 나의 아픔도 같다는 말이다. 같은 말을 들었더라도, 하루를 잘 버텨 온 사람과 이미 지쳐 있던 사람이 느끼는 상처의 크기는 다르다. 지켜야 할 가족이 있는 가장이 겪는 해고 통보와, 부유한 집안에 태어나 잃을 것이 거의 없는 사람이 받는 해고 통보는 그 받아들이는 무게 자체가 다르다.

같은 한마디가 어떤 사람에게는 대수롭지 않을 수 있지만, 어떤 사람에게는 삶을 흔드는 상처가 된다. 그래서 타인의 아픔 앞에서 비교부터 하는 사람보다 공감할 줄 아는 사람을 곁에 둬야 한다. 공감할 줄 아는 사람이란 대신 아파해 주는 것이 아니라, 그 아픔이 존재한다는 사실을 부정하지 않는 사람이다. 누구나 다 겪는 아픔일지라도 그런 사소한 것들을 궁금해하는 사람이라면 나를 진심으로 아껴 주는 사람일 것이다.

"군인의 죽은 것이
어찌 박춘귀의 〈병들어 죽은 것과〉 같으냐."

003

말을 듣지 않는 사람에게
척할 필요는 없다

상대방의 제안을 거절했는데 계속해서 그것을 강조하는 사람을 만나본 적이 있는가? 없다면 더욱 이 글을 집중해서 보길 바란다. 사회생활을 하다 보면 도저히 말해도 안 듣는 사람을 만나게 되는데 처음 겪으면, 내가 설명을 충분히 하지 못했나 싶어 더 자세히 말하게 된다. 하지만 세 번, 네 번 반복이 되다 보면 알게 된다. 이 사람이 이해하지 못한 것이 아니라, 애초에 이해할 의지가 없었다는 사실을 말이다. 세종대왕의 신하 중에도 이런 사람이 있었다. 그 가운데 사헌부의 조극관이라는 인물이 특히 심했는데 그와 세종대왕의 대화를 보면, 이런 사람들은 어떻게 대해야 하는지 알 수 있다. 조극관은 왕족인 경녕군 이비, 쉽게 말해 세종대왕의 동생을 한 사건으로 인해 처벌해야 한다고 거듭 건의했다. 그러나 당시 세종대왕은 여러 사정을 종합적으로 대신들과 검토한 끝에 경녕군을 처벌하지 않기로 이미 결정했다. 그런데 시간이 지나 조극관은 대명률을 근거로 다시 경녕군을 처벌하기를 청했다. 조선은 건국 초, 독자적인 형법 체계가 완전히 정비되기 전까지 명나라의 법인 '대명률'을 형벌 기준으로 준용하고 있었기 때문이었다.

조극관은 조선의 법으로는 처벌이 어려우니 대명률을 들고나온 것이었다. 그러나 세종은 단호하면서도 침착하게 물었다. "전일에 대신들과 상의하여 법도에 합당하다 하였는데, 그대가 말하는 법은 무슨 법인가." 세종대왕이 거절하고 있는 의도를 알면서도 조극관 역시 물러서지 않았다. "신은 대명률에 있는 것을 말한 것입니다. 바라건대 법을 참조하신 뒤, 임금께서 재량하여 시행하소서." 그럼에도 세종대왕은 감정적으로 대응하지 않았다. 도리어, "나의 판단이 틀리지 않았다"라고 말하며 선을 긋고, 경녕군을 처벌하지 않았다. 대신, 실제로 문제 행동을 한 자들만 가려내어 잡아 가두도록 명했다. 보통 이런 상황에서 사람들은 상대를 설득하려고 하거나, 말이 통하지 않아 화를 내게 된다. 하지만 그는 그러지 않았다. 그 이유는 조극관 같은 사람들은 자신이 원하는 것을 이루기 위해 대명률처럼 일리있는 명분을 가져와 논점을 흐리기 때문이다. 사람들은 이런 논점 흐리는 말에 빠져 그 법이 왜 지금의 상황과 상관이 없는지를 말하려고 한다.

하지만 세종대왕은 "대명률이 처벌에 적용되는 법이냐, 아니냐"를 따지며 설득한 것이 아니라, "그대가 말하는 법은 무슨 법이냐"고 말하며 그에게 무슨 말을 하는지 일깨워 주었다. 그가 가져온 법은 명나라 법일 뿐,

이미 판결 난 사안에서는 아무 관련이 없는 법이다. 옳음이 강한 사람들은 자신이 맞다고 생각하면, 그게 합당한지 아닌지 따위는 생각하지 않는다. 그저 어떻게든 엮어서 본인이 원하는 것을 이루려고 한다. 그래서 무엇이 잘못되었고, 어떤 게 틀렸는지 되짚어 스스로 자각하게 하는 것은 좋은 방법이다. 물론, 세종대왕의 권력이라면 조극관 같은 사람은 더 이상 말하지 못하도록 할 수도 있었다. 그러나 그는 신하들이 자신이 두려워 입을 닫는 것을 원하지 않았기에 권력으로 누르기보다는, 미련한 사람의 눈높이에 맞춰 선을 그었던 것이다. 우리도 이런 세종의 지혜를 곱씹어 볼 필요가 있다. 왜냐하면 말이 통하지 않는 상대를 만났는데 그 상대방이 영업해야 하는 대상이거나, 나의 아랫사람인 경우라면 함부로 내칠 수 없기 때문이다. 그래서 그들을 다루려면 세종대왕처럼 그 선택의 주도권은 내가 가져가야 한다. 사람들은 누군가 무언가를 요구할 때, 상대의 기분을 고려해 기분 상하지 않도록 돌려 말할 때가 많다. 하지만 이는 집요한 이들에게 또 다른 명분을 들고 와 말할 기회를 주는 것밖에 되지 못한다. 그래서 계속해서 나에게 요구한다면, 당신이 부탁하는 것이 얼마나 무례하고, 난감한 부탁인지 일깨워 주어야 한다.

세종대왕은 이런 일을 한두 번 겪은 게 아니다. 정사를 보던 중에, 한 사람의 죄를 다시 물어 처벌해 달라고 요청한 적도 있었다. 그때도 세종대왕은 이를 받아들이지 않고 이렇게 말했다. "그대들이 이 일을 청한 지가 벌써 석 달이 되었다. 내가 정말 그 말을 들을 생각이었다면, 왜 이렇게 오래 기다리게 했겠느냐." 그러자 한 신하가 나서서 말했다. "전하께서 대간의 요구를 전부 들어주지 않으실 생각이라면, 형식적으로라도 작은 조치를 취해 청을 막으시는 것이 어떻겠습니까." 이에 세종대왕은 단호하게 답했다. "어찌 일부러 꾸며서, 겉으로만 간언을 받아들이는 척할 필요가 있겠는가." 그렇다. 세종대왕의 말처럼 '미안한데', '시간 되면 도와줄게'와 같은 말로 도와주려는 척이나, 어떻게 해주려는 척까지 할 필요는 없다. 부탁은 부탁일 뿐이지 내가 미안해야 할 것이 아니다. 처음부터 나의 기분조차 생각하지 않는 이에게, 그가 상처받을까 봐 배려의 말을 해주는 것은 미련한 선택일 수도 있다. 그러니, 위와 같은 사람을 만나면 그에게 선택의 여지를 주지 말고, 단호하게 끊어보자. 그러면 그들도 더 이상 당신에게 요구하지 않을 것이다.

**"어찌 일부러 꾸며서,
겉으로만 간언을 받아들이는 척할 필요가 있겠는가."**

004

가장 중요한 순간에는
결국 나밖에 없다

　조선 시대의 관리들은 중앙 관직을 떠나 지방으로
내려가거나 중요한 임무를 맡아 길을 나서기 전, 반드
시 임금을 직접 알현했다. 이는 단순한 작별 인사를 하
기 위해 만나는 게 아닌, 앞으로 맡게 될 책임을 공식적
으로 확인받는 자리였다. 이 자리에서 임금은 관리에
게 임무의 무게를 일깨우고, 지켜야 할 기준과 태도를
당부했다. '김익생'이라는 인물도 남포진으로 부임하
기 전, 세종대왕에게 하직 인사를 올리러 간 적이 있었

는데 남포진은 해안 방어의 최전선이었고, 왜구가 수시로 출몰하던 위험한 지역이었다. 세종은 그런 김익생에게 이렇게 말했다. "해적쯤은 쥐나 개 같은 도적들이니 염려할 것은 없으나, 모름지기 병기를 준비하고 봉화를 삼가 하여 대비할 것이요. 확인도 되지 않은 말로 일을 벌여 사람들만 피곤하게 만들고, 괜한 불안과 소란을 키우는 것은 내가 바라는 통치가 아니다. 상황에 따라 방책을 정하는 것은 모두 네 몸에 달려 있으니, 가서 삼가라."

짧은 말이지만, 이 안에는 우리가 인생의 위협과 도전을 대하는 태도가 고스란히 담겨 있다. 첫 번째로, "해적쯤은 쥐나 개 같은 도적들이니 염려할 것은 없다"는 말은 적을 가볍게 여기라는 뜻이 아니다. 필요 이상으로 겁먹지 말라는 뜻이다. 우리는 살면서 시작하기전에는 유독 크게 느껴지는 수많은 '해적'을 만난다. 새직장, 중요한 시험, 낯선 인간관계 같은 것들이다. 이런 일들은 밤잠을 설치게 만들고, 남아 있던 자신감마저 작아지게 만든다. 하지만 막상 부딪쳐 보면, 생각보다 다 사람 사는 곳이었음을 깨닫는 경우가 많다. 그렇다고 아무 준비 없이 가면 실수만 하게 된다. 그래서 두 번째로 세종대왕은 "모름지기 병기를 준비하라"고 말했다. 준비는 불안을 없애는 가장 현실적인 방법이기 때문이다. 세 번째로, "봉화를 삼가라"는 말은 확인되지 않은 정보로 불필요한 경보를 울리지 말라는 뜻이다. 옛날 봉화는 위급함을 알리는 신호였고, 한 번 불이 오르면 불안과 혼란스러움이 전염병처럼 퍼졌다. 그래서 세종은 근거 없는 말로 백성을 수고롭게 하고, 상황을 키우지 말라고 당부한 것이다.

오늘날에도 이런 경우가 많다. "요즘 경기가 안 좋다더라", "회사가 곧 망한다더라" 같은 소문들에 쉽게 휘둘려 극단적인 결정을 내리는 경우가 많다. 그러나 변화는 인정하되, 소문이 아니라 사실을 기준으로 판단해야 한다. 처음부터 준비하지 않는 태도도 문제지만, 과잉 반응 역시 똑같이 해롭다. 마지막 네 번째로, "상황에 따라 방책을 정하는 것은 네 몸에 달려 있다"는 말은 현장의 판단을 믿으라는 뜻이다. 이것이 무엇보다 중요하다. 모든 것을 갖췄다고 해도 정작 현실에서 규칙을 지킨다고 아무것도 하지 못하면 다 소용없다. 그렇기에 살면서 기준은 분명히 세우되, 판단은 상황에 맞게 내려야 한다. 그렇지 않고, 원칙만 고집한다면 되려 모든 것이 늦어질 수도 있다. 세종의 말은 결국 이 한 문장으로 요약될 것이다. "네가 가서 삼가히 하라." 임금이 줄 수 있는 것은 방향뿐이고, 그 길을 걷는 것은 오롯이 김익생의 몫이다.

우리도 마찬가지일 것이다. 조언을 구하고, 책을 읽고, 경험자의 이야기를 들을 수 있다. 하지만 결정적인 순간, 현장에 서 있는 사람은 언제나 나 자신이다. 결국 혼자서 감당하고, 혼자서 판단해야 한다. 그래서 두려움을 없애려 애쓰기보다, 두려움 속에서도 흔들리지 않을 준비가 필요하다. 소문에 휘둘리지 말고, 눈앞의 상황을 직접 읽어낼 수 있는 눈을 길러야 한다. 세종이 김익생에게 바란 것 또한 완벽함이 아니었다. 겁먹지 않는 태도, 충분한 준비, 함부로 소란 피우지 않는 침착함, 그리고 스스로 판단하는 힘 이 네 가지였다. 이는 전장에서만 필요한 덕목이 아니다. 우리가 살아가는 일상에서도 반복해서 요구되는 능력이다. 그렇기에 인생에 두려움이 밀려온다면, 세종이 김익생에게 말한 네 가지 기준을 기억하며 당당히 나아가보길 바란다.

"해적쯤은 쥐나 개 같은 도적들이니
염려할 것은 없으나, 모름지기 병기를 준비하고
봉화를 삼가 하여 대비할 것이요."

005

죄가 없다면
마음이 먼저 흔들릴 이유는 없다

사헌부가 한 번 더 사직하기로 마음먹고 임금에게 사직을 청하는 글을 올렸던 적이 있었다. 그들이 사직을 청한 이유는 이러했다. 자신들이 본래 재능이 부족한데도 임금의 큰 은혜로 나라의 기강과 법도를 바로잡는 중요한 자리를 맡게 되었지만, 그에 걸맞은 성과를 내지 못해 늘 두려운 마음으로 지내왔는데 그런 와중에 감찰 허만석을 죄가 없다고 판단해 다시 근무하게 한 적이 있었다. 그러나 그는 죄가 있었고 이것이 모두 자신들의 판단이 부족했기 때문이라고 자책하고 있었다. 그런데 다른 감찰들이 이 일을 크게 문제 삼아 비난했고, 사헌부 관리들은 책임을 느껴 사직서를 앞서 한 번 올렸는데 임금이 이를 받아들이지 않고 다시 근무하라고 명했던 것이다. 그러나 이번에는 또 사간원에서 이들의 죄를 묻는 상소를 올렸고, 이미 여러 차례 공개적인 질책을 받은 상황에서 다시 비난받으니, 이런 상태로 감찰하고 풍속을 바로잡는 일을 계속하는 것은, 조정의 기강만 흐릴 뿐이라며 스스로 물러나게 해 달라고 청했다.

그러나 세종대왕은 사직을 허락하지 않으며 이렇게 말했다. "자신에게 허물이 없다고 생각한다면 남의 말에 어찌 흔들리겠느냐. 나는 그대들에게 죄가 없다고 보니, 각자 맡은 직분을 다하는 것이 옳다." 그러자 한 명이 다시 나서서 최근 또 모욕적인 일을 겪었다고 말했다. 제사 준비 과정에서 일정과 절차가 늦어진 일이 있었는데, 이를 두고 감찰이 '제사를 대하는 태도가 공손하지 못했다'며 문제 삼았고, 나아가 예전에 허만석을 감찰로 쓴 일을 들추며 악의적으로 보복한다고까지 말했다는 것이다. 또 담당자였던 성염조는 "모든 결정은 사헌부 전체가 알고 한 일인데 왜 자신에게만 책임을 묻느냐"고 항변했다. 이처럼 내부에서 서로를 의심하고 공격하는 일이 반복되니, 더는 낯을 들고 공무를 수행할 수 없다며 다시 한번 직에서 물러나게 해달라고 요청한 것이다. 사헌부가 일을 그만두려는 마음은 아마 한 번의 억울함과 힘듦 때문이 아닐 것이다. 모두가 그렇듯, 이런저런 사연들이 쌓이고 쌓여 더 이상 참을 수 없을 때 떠나는 선택을 한 것이다. 이런 사헌부의 마음은 오늘날 떠나고 싶은 이들의 마음을 보여주는 것 같다. 누구나 실수를 하고 잘못할 수도 있는데 심성이 못된 사람들은 그것을 놓치지 않고 계속해서 들먹인다.

그렇게 참다 참다 사람들은 포기하거나, 자신이 떠날 생각을 한다. 그러나 이런 상황을 마주하게 되었을 때 우리는 세종대왕의 "자신에게 허물이 없다고 생각한다면 남의 말에 어찌 흔들리겠느냐."는 말을 기억해야 한다. 내가 잘못이 없다면, 내 마음이 먼저 흔들릴 필요는 없다. 원래 사람 관계라는 것이 그렇다. 아무리 성실하고 좋은 사람이라 해도 누구에게나 다 욕을 먹게 되어 있고, 호의를 베풀면 베풀수록 그것이 권리라 생각해 나를 막 대하는 사람들이 생긴다. 대부분 이런 사람들은 자신이 성장하지 못하는 것은 참아도, 배 아픈 것은 못 참는 심보를 가졌다. 그래서 누군가가 나를 비난한다고 내가 포기할 필요는 없다. 오히려 누가 봐도 성실히 살고 있는데 내가 욕을 먹고 있다면, 그만큼 잘 살고 있다고 생각해야 한다. 굳이 그들에게까지 인정받으려 하다 보면, 정작 내가 하고 싶은 것을 하지 못하게 될 뿐이다. 그리고 세종대왕처럼 진짜들은 안다. 아무리 남들이 나를 헐뜯고 욕해도, 나의 진면모를 보고 떠나려는 나를 붙잡을 것이다. 그러니 남이 잘되는 것을 못 보는 사람에게 휘둘리지 말고, 나를 믿고 이끌어주는 사람에게 더욱 큰 성장으로 보답하자.

"자신에게 허물이 없다고 생각한다면

남의 말에 어찌 흔들리겠느냐."

006

괴이한 말을
쉽게 믿지 마라

　세종대왕은 이런 말을 한 적이 있다. "중국 사람이 일찍이 나에게 말하기를, '독수리가 강아지를 낳고, 새와 쥐가 한 보금자리에 산다'고 하니, 그러한 일도 있는지 모르겠다. 그러나 공자께서 '괴력난신'이라 하여 괴상하고 기이한 이야기는 군이 말씀하지 않으셨고, 옛 선비들 역시 황당한 주장은 세상의 이치에서 벗어난다고 보았다." 독수리가 강아지를 낳는다는 말은 오늘날 들으면 그저 웃고 넘길 이야기다. 하지만 당시에는 그런 이야기들이 권위 있는 자의 입을 통해 전해지고, 아무도 의심하지 않은 채 사실처럼 굳어지는 일이 꽤 있었다. 세종은 바로 그 지점을 짚었던 것이다. 황당한 이야기라도 사람들은 쉽게 믿어버린다. 사람들이 이런 황당한 말에 쉽게 속는 이유는 거짓말에 속아서가 아니다. 듣고 싶은 말만 골라 듣기 때문이다. 그래서 확증편향을 조심해야 한다. 확증편향이란, 자기에게 유리한 정보나 기존 편견과 일치한 정보만 선택적으로 수용하는 경향을 말한다. 이는 투자나 건강 정보에서 좋은 소식만 골라보고 반대 조언은 무시하는 모습만 봐도 알 수 있다. 이미 결론을 정한 뒤 그 결론을 지키려는 경향을 보이는 것이다.

이런 확증편향의 딜레마에 갇히지 않으려면 자신이 믿는 것을 의심할 줄 알아야 한다. 똑똑한 사람들 역시 사기를 당하고, 그럴듯한 말에 홀려 비현실적인 것을 믿는다. 자신은 이상한 것에 속지 않는 사람이라 여기는 순간, 확증편향은 자연스레 찾아오는 것이다. 그래서 '자신을 믿는 마음'이 가장 무섭다. 사람은 아무리 똑똑하더라도 충분히 그럴듯한 말에 설득될 수 있고, 황당한 주장에 고개를 끄덕일 수 있다. 현명함은 똑똑함에서 나오지 않는다. 옳더라도 한 번 멈춰서 다시 확인하고, 불편한 반대 의견까지 생각해 보는 태도에서 나온다. 그러니 내가 아무리 옳더라도 누군가 다른 의견을 제시하면 세상의 이치와 상식에 비추어 한 번 더 가늠해 보자. 세상에 쉽게 돈 버는 것 없고, 한 번에 되는 것은 별로 없다. 이런 정보가 넘치는 세상일수록 현명하게 사는 방법은 더 많이 아는 것보다, 무엇을 걸러 낼 것인가를 아는 지혜일 것이다.

**"공자께서 괴상하고 기이한 이야기들은
굳이 말하지 않았고,
옛 선비들 역시 황당한 주장들은
세상의 이치에서 벗어난다고 보았다."**

Chapter. 07

더 나은 사람이 되려면
어떻게 해야 하는가

세종대왕

좋지 않은 것을
기록하는 사람이 되어라

사람마다 하나쯤은 지워버리고 싶은 흑역사가 있다. 술김에 보낸 메시지일 수도 있고, 괜히 나섰다가 민망해진 행동일 수도 있으며, 준비되지 않은 채 자존심부터 내세웠다가 크게 망신당한 순간일 수도 있다. 이런 기억들은 비슷한 상황을 마주하는 순간 다시 또렷하게 떠올라 괴롭히곤 한다. 그래서 사람들은 그런 기억을 애써 외면하고, 가능하다면 없었던 일로 만들고 싶어한다. 우리가 남기는 기록들 또한 대체로 좋았던 일, 위로가 되었던 순간, 힘이 되었던 기억들이다. 아마도 이는 인생을 조금이라도 더 따뜻하게 기억하고 싶은 마음 때문일 것이다. 하지만 곰곰이 생각해 보면, 행복이라는 감정은 그 자체로 고립되어 존재한다기보다, 언제나 비교 속에서 더욱 두각을 드러낸다. 예를 들어 우리는 과거의 불편한 장면들을 잊고 지낼수록, 현재의 감정 역시 어딘가 평면적으로 느끼게 된다. 그 이유는 좋지 못한 기억이 없이 모든 날이 행복하다면, 그 행복의 기준이 높은 상태로 평균치가 되기 때문이다.

스스로 고난 속에서 이뤄낸 사람과 대체로 평범하게 자란 사람의 행복 기준치는 다를 수밖에 없다. 사람이 더한 행복을 느끼려면 과거의 나와 현재의 나를 나란히 세워 놓고 보았을 때, 조금이라도 격차가 있어야 한다. 이런 면에서 보면 흑역사는 현재 나의 위치를 실감하게 하는 기준점으로 남겨두는 것도 나쁘지 않다. 그런데 우리는 사람들이, 우리 스스로를 더 나은 사람으로 봐줬으면 하는 마음에, 누군가 그런 과거를 들춰내면 화를 내고 그곳에서 도망치려 한다. 그러나 모난 모습의 나도 '나'이고, 잘난 모습의 나도 '나'임을 명심해야 한다. 진정으로 자신의 추한 모습까지 끌어안는 사람이 성장할 수 있다. 왜냐하면 넘어졌던 이유를 모르는 사람은 또다시 같은 자리에 걸려 넘어질 수밖에 없고, 부족했던 순간을 마주하지 않으면 성장의 기준점 또한 생기지 않기 때문이다. 그래서 기록을 남긴다면 웬만해서 좋았던 것만 남기기보다는 불편한 기억까지 함께 남기는 것이 좋다. 잘못된 선택, 부끄러운 판단, 실패의 흔적까지 남기고 그 후에 자신이 어떤 선택을 했는지까지 기록해 둔다면 그 기록은 나를 하루하루 살아가게 해줄 중요한 원동력이 될 수 있다. 이러한 인식은 오래전에도 존재했다.

왕의 말이나 역사적으로 남으면 좋을 만한 것들을 기록했기 때문이다. 세종대왕 역시 이런 기록을 중요시했는데 그도 좋은 것과 나쁜 것을 구분하지 않고 적길 원했다. 그가 경연에서 신하 유관에게 고려사 교정 작업의 진행 상황을 물었는데 유관은 역사가 오랜 세월 본보기가 되는 기록이기에, 그동안 의도적으로 제외되었던 사건들까지 모두 남기고 있다고 대답했다. 이때 세종은 이렇게 말했다. "모든 선과 악을 다 기록하는 것은 뒤의 사람에게 경계하는 것인데, 어찌 재이라 하여 이를 기록지 아니하랴." 세종대왕도 불편하다는 이유로 나쁜 기록을 없애면 결국 같은 실수를 반복하게 만든다고 보았다. 이는 역사적인 사실에만 적용되는 것은 아닐 것이다. 오늘날 우리의 삶 또한 다르지 않다. 과거의 부끄러움을 덮어 두면 잠시 마음은 편해질 수 있겠지만, 우리는 스스로를 판단할 기준을 없애는 것이다. 왜 힘들었는지, 무엇이 잘못된 선택이었는지 알지 못하면, 똑같은 실수를 저지를 수밖에 없다.

그래서 기록은 솔직해야 한다. 잘 버텼던 날만이 아니라 도망치고 싶었던 날도 함께 적고, 잘한 일만 적을 것이 아니라 용기 있었던 선택과 함께 비겁했던 순간도 남겨야 한다. 그때 비로소 과거의 나는 현재의 나를 떠받치는 발판으로 사용할 수 있게 된다. 세종이 선과 악을 가리지 않고 남기려 했던 이유처럼 불편한 기록을 마주할 용기가 있는 자만이, 그 자리에 머무르지 않고 다음 단계로 나아갈 수 있을 것이다.

"모든 선과 악을 다 기록하는 것은
뒤의 사람에게 경계하는 것인데,
어찌 재이라 하여 이를 기록지 아니하랴."

002

할 거면
불평불만 하지 마라

어떤 일을 할 때 마땅히 해야 할 일을 하면서도 계속 투덜대는 사람이 있다. 기분 좋게 할 수 있음에도 "왜 하필 나한테 이런 걸 시키냐"고 투덜대고, 해야 할 일을 앞두고 "굳이 지금 해야 하냐"며 불평을 늘어놓는다. 심지어 스스로 선택한 일조차 하기 싫은 티를 낸다. 본인의 기분을 표현하는 것이 나쁜 것은 아니지만, 이러한 태도를 갖는 사람 대부분은 일을 대충 처리하고, 그 하기 싫은 마음이 결과물에서 드러나 만족스럽지 못한 결과로 이어지는 경우가 많다. 그래서 세종대왕은 이러한 태도를 다음과 같이 꾸짖었다. "안 하려면 애초에 안 해도 된다. 그런데 한다면 모름지기 깨끗하게 해야 할 것인데, 어찌하여 이 지경에 이르렀느냐." 정말 하기 싫다면 하지 않아도 된다. 그런데 하기로 선택해 놓고도 투덜대며 한다면 나에게 득이 되는 게 하나도 없다. 비싼 돈을 내고 헬스장에 가더라도 다이어트는 흐지부지 끝나게 될 것이고, 공부는 며칠 만에 포기해 집에 문제집만 쌓이게 될 것이다.

어떤 일이든 꾸준히 해내는 사람과 작심삼일로 끝나는 사람의 차이는 여기서 갈리는 것이다. 하기 싫은데 짜증 내며 대충하는 사람과 하기 싫어도 해야 하니까 그냥 최선을 다해서 하는 사람. 비슷한 것 같아도 그것을 대하는 작은 마음가짐이 삼일과 몇 달 몇 년을 갈라 놓는다. 그래서 차라리 대충할 바에 안 하는 편이 낫다. 안 하면 그 시간과 에너지를 내가 할 수 있는 곳에 쏟을 수 있기 때문이다. 불평하면서 대충 하면 시간도 쓰고, 감정 낭비도 하며, 주변 사람까지 지치게 만든다. 이렇게 어중간하게 할 바에 선택해야 한다. 할 거면 불평하면서 할 것인지, 아니면 내가 할 수 있는 것에만 집중해서 하는 것인지 말이다. 투덜대며 10개를 하면서 제대로 해낸 게 한 개도 없을 바에, 기꺼이 투덜대지 않고 집중해서 3개를 하는 편이 훨씬 낫다. 읽기 싫은 책을 억지로 펼쳐 놓고 시간을 흘려보내느니, 정말 읽고 싶은 책 한 권을 제대로 읽는 것이 인생에 큰 도움이 된다는 것이다. 남들이 다 한다는 이유로, 혹은 안 하면 뒤처질 것 같아서 억지로 하는 선택은 인생을 낭비할 뿐이다. '하고 싶은 것만 하고 살아라'가 아니라, 하고 싶은 일을 하기 위해서는 하기 싫은 일도 당연히 해야 하는데, 어차피 해야 할 거면 불평, 불만을 하지 말라는 말이다. 당신의 시간과 에너지는 생각보다 소중하다.

그러니, 오늘부터라도 당신이 하기 싫은 모든 일에 이렇게 물어보자. "나는 이것을 꼭 해야 하는가?" 그 대답이 '아니요'라면 굳이 억지로 하지 말고, "네"라면 대충하지 말고, 최선을 다해라. 그렇게 자신이 해야 할 일에 최선을 다하다 보면, 언젠가 그 노력은 당신의 감정으로 고스란히 돌아오게 되어 있다.

"안 하려면 애초에 안 해도 된다.
그런데 한다면 모름지기 깨끗하게 해야 할 것인데,
어찌하여 이 지경에 이르렀느냐."

003

무리 지어 다니는 사람 중 제대로 된 사람이 없다

혹시 혼자 있을 때 무엇을 해야 할지 모르겠고, 가만히 있으면 엉덩이에 가시가 돋을 것 같은가? 혹은 점심시간에 혼자 밥 먹는 것이 어색해 자주 무리를 지어 다니고, 굳이 참석하지 않아도 되는 모임에 참석하는가? 그렇다면 그런 자신을 조심해야 한다. 무리 지어 다니는 사람 중 자기만의 뚜렷한 목표를 가진 사람, 스스로의 길을 묵묵히 걸어가는 사람을 본 적이 별로 없기 때문이다. 세종대왕도 무리 지어 다니는 것을 별로 좋아하지 않았다. 그 이유는 당시 탄핵당한 사람들을 보면 그 답이 보였기 때문이다. 세종대왕이 대언들에게 탄핵받은 사람들에 관해 물었던 적이 있었다. "모여서 술을 마시다가 탄핵받은 자가 얼마나 되느냐." 이에 정흠지가 대답했다. "많습니다. 그러나 어찌 이뿐이겠습니까. 각 관사에서는 매년 연말마다 분리연을 벌입니다." 당시 조정의 관리들은 업무 중에도, 퇴근 후에도 모여 '친목'이라는 이름으로 술자리를 가졌다. 그러나 그 자리에서 문제 될 행동이 반복되었고, 결국 탄핵으로 이어지는 일이 적지 않았던 것이다.

이 이야기를 들은 세종대왕은 이렇게 말했다. "내가 듣건대, 떼를 지어 술 마시는 것이 금년에 가장 성행한다더구나." 세종이 지적한 것은 술을 먹는 것보다, '떼를 지어' 다니는 것이었다. 떼를 지어 다니는 것은 서로에게 심리적으로 든든함을 줄 수는 있지만, 동시에 각자의 생각과 기준을 쉽게 무너트리기도 한다. 혼자 있으면 남들과 뒤처지는 자신을 발견하고 나아갈 것들을 생각하게 되는데 같이 놀고 있으면, "이 친구들도 그렇게 사는데 뭐"라며 다들 그렇게 산다고 착각하기 때문이다. 그러나 잘 생각해 봐야 한다. 그 무리 중에서도 그럼에도 성장하는 사람이 있고, 항상 멈춰 있는 사람이 있다. 성장하는 사람은 먼저 자신의 일을 하고 남는 시간에 노는 사람이고, 멈춰 있는 사람은 자신의 것을 하지 않고 노는 사람이다. 즉, 함께 있어서 성장하는 것이 아니라, 혼자서 그것을 해낸 사람만이 성장한다. 이는 우리 주변을 봐도 알 수 있다.

항상 누군가와 붙어 다니는 사람 중에 제대로 된 사람을 본 적이 있는가? 단체 채팅방에서 가장 활발한 사람이 업무에서도 가장 뛰어난가? 회식에 매번 빠지지 않는 사람이 성과도 좋은가? 대부분은 그렇지 않다. 정작 일을 제대로 하는 사람들은 조용하다. 그들은 불필요한 모임에 시간을 쓰지 않는다. 혼자 있는 시간을 소중히 여겨 그 시간에 책을 읽고, 생각을 정리하고, 자신을 갈고닦는다. 혼자서도 강한 사람은 굳이 무리를 찾을 필요가 없기 때문이다. 무리를 지어 논다고 꼭 성장하지 못한다는 것은 아니지만, 무리 지어 놀러 다니는 사람 중 성장하는 사람은 극히 드물다. 그러니, 만약 당신이 초조한 마음에 자꾸 누군가를 만나고, 무리를 따라다니고 싶다면 다시 생각해 보길 바란다. 나비를 아무리 쫓아가봤자. 나비는 도망만 간다. 하지만 내가 정원을 가꾸면 나비는 알아서 찾아오게 되어 있다. 이처럼 혼자 있는 시간이 불안하다면, 더욱 자신을 가꿔라. 사람을 쫓지 말고, 사람들이 나를 찾아오게 만들어라. 그렇게 자신을 갈고닦고 매력적인 사람이 된다면, 굳이 쫓아다니지 않아도 당신의 곁에 맞는 사람이 알아서 찾아오게 되어 있다. 설령, 찾아오지 않아도 어떠한가? 당신에게는 이미 정원이 있는데 말이다.

"내가 듣건대, 떼를 지어 술 마시는 것이 금년에 가장 성행한다 하더구나."

004

조심함이
실력을 이긴다

홍산 현감으로 새로 임명된 조담이 세종대왕에게 인사를 올리러 온 적이 있었다. 그때 세종대왕은 그에게 물었다. "그대는 수령(행정 책임자) 일을 해본 적이 있는가." 조담은 대답했다. "없습니다. 이제 백성 다스리는 직임을 받았으니 더욱 황공하옵니다." 세종대왕은 말했다. "모든 일을 두려워하고 조심하면 실수가 적을 것이니, 그대는 그 고을에 가서 더 삼가고 조심하여 굶주리는 백성이 없도록 하여라." 세종대왕은 처음해보는 일이라는 조담에게 공부 하고 능력을 키우라 하지 않았다. 그저 두려워하고 조심하라고 했다. 이 말이 흥미로운 건, 잘하고 못하고를 전혀 따지지 않았다는 점이다. 세종이 조담에게 원한 건 유능한 수령이 아니었다. 두려움을 잊지 않는 수령이었다. 언제든 자신이 실수할 수 있음을 아는 사람, 자기 앞에 놓인 일을 가볍게 여기지 않는 사람, 매 순간 이게 맞는지 틀리는지 긴장을 놓지 않는 사람이었다.

생각해 보면 일상 속 대부분의 실수는 무능함에서 오지 않는다. "이 정도면 괜찮겠지, 어떻게든 되겠지, 별일 있겠어"와 같은 안일한 생각들이 실수를 만든다. 반대로 "아직 잘 모르니까 더 살펴야지, 내가 틀렸을 수도 있으니 한 번 더 확인하자" 이런 태도를 가지고 일에 임하는 사람들은 대부분 실수를 하지 않는다. 그래서 칠원 현감 양봉래가 임금에게 인사를 올리러 와 "저는 지방에서 자라 백성들의 어려움을 잘 알고 있습니다만, 제 성품이 둔하고 부족해 그 책임을 다하지 못할까 두렵습니다."라고 말했을 때도 세종은 이와 같이 말했다. "대개 일을 쉽게 여기고 하면 성공하지 못하나, 그 일을 어렵게 여겨서 하는 이는 반드시 성공하는 것이니 너는 그것에 힘쓰라." 즉, 조심한다는 건 자신을 믿지 못하는 게 아니라, 나 자신을 과신하지 않는 것이다. 우리는 경험이 쌓일수록, 능수능란해질수록 자신의 판단을 전적으로 믿게 되는데, 이럴 때일수록 조심해야 한다.

이는 일뿐만 아니라 모든 것이 그렇다. 뭐든지 내가 잘하고, 잘 안다고 생각하는 순간, 말실수를 하고, 안 하던 행동을 해 일을 그르치게 된다. 해봤으니까, 아는 거니까, 이런 생각들은 익숙함이 만드는 무서움 중 하나이다. 운도 실력이라는 말이 있듯, 실수도 실력이다. 아무리 나중에 "실수예요." "그런 의도가 아니었어요." 라고 말해봤자, 뒤늦은 후회는 소용없다. 중요하면 중요할수록 안다고 예측하지 말고, 해봤다고 대충하지 말자. 그 작은 방심이 쌓여, 나를 한순간에 무너뜨릴 것이다.

"대개 일을 쉽게 여기고 하면 성공하지 못하나,

그 일을 어렵게 여겨서 하는 이는

반드시 성공하는 것이니 너는 그것에 힘쓰라."

005

판을 읽는 사람이
손해도 덜 본다

손자병법에는 "지피지기 백전불태(知彼知己 百戰不殆)"라는 말이 나온다. '지피지기'는 적을 알고 나를 안다는 뜻이고, '백전불태'는 백 번 싸워도 위태롭지 않다는 뜻이다. 즉, 적을 알고 나를 알면, 백 번 싸워도 위태롭지 않다는 의미이다. 이와 비슷한 맥락의 말을 세종대왕도 남긴 바 있다. 북방 국경이 불안하던 시기, 세종은 함길도 도절제사 김종서에게 전지를 내려 이렇게 당부했다. "예로부터 뛰어난 장수는 국경을 지킬 때 반드시 적의 상황을 정확히 파악하고, 그에 맞는 대비책을 마련했다. 역사를 보면 누가 성공했고 누가 실패했는지 분명히 알 수 있을 것이다. 그리고 이전에 네가 건의한 대로, 홀라온 쪽에 간첩을 보내자는 계책은 이미 시행하고 있었다. 그런데 지난가을 혐진이 침범한 뒤로, 국경 인근에 사는 사람들이 자주 와서 말하기를 "혐진이 어느 달 어느 때에 다시 쳐들어올 것 같다"고 하여 소란이 끊이지 않았다.

그러나 이런 보고들이 모두 사실이라고만은 할 수 없다. 소금 몇 말과 베 몇 필 같은 작은 상을 노리고 꾸며낸 말일 수도 있기 때문이다. 그렇다면 어찌 그 말을 믿을 수 있겠는가. 차라리 그들 중에 정말로 우리나라의 은혜를 입고 살아가고자 하는 사람이 있다면, 그 사람을 비밀리에 포섭해 적의 실제 움직임을 알아내게 하라. 심지어 그 부족 사람들조차 그가 우리 편인 줄 모르게 하라. 만약 우리가 군사를 움직일 때 그들을 길 안내로 쓸 수 있다면 큰 도움이 될 것이고, 설령 당장 싸우지 않더라도 적의 상황을 정확히 알면 방어 전략을 세우는 데 유리할 것이다. 저들은 통솔이 약하고 재물을 좋아하는 성향이 있으니, 이익으로 잘 설득하면 우리 편이 될 자도 분명 있을 것이다. 그러니 이런 사람을 널리 찾아내고, 자세히 보고하라." 세종의 지시는 단순히 "정보를 모아라"는 말이 아니었다. 오히려 "그 말이 사실인가"를 정확하게 파악하고 속지 않는 것이었다. 더 흥미로운 점은, 적을 무너뜨릴 방법보다 "적 안에 있는 우리 편"을 찾으라고 했다는 사실이다.

보통은 적이 쳐들어올 것 같다는 소문이 들리면 방어를 강화하거나 병력을 늘리는 데 집중할 텐데, 세종은 그들의 말을 함부로 믿지 말고, 되려 믿을 수 있는 우리 편을 만들라 말한 것이다. 이는 부딪쳐서 이기는 방법이 반드시 최선이 아니라는 것을 보여준다. 이는 깊이 생각해 볼 만하다. 사람들은 경쟁이 치열할수록, 더 열심히 뛰어야 한다고 생각한다. 하지만 어쩌면 먼저 해야 할 일은 뛰는 방향을 먼저 점검하는 것일지도 모른다. 모두가 불안에 휩쓸릴 때, 진실 여부를 파악하고, 구조를 보고, 그 핵심을 분석하는 것이 판을 흔들 가능성이 더 크다. 즉, 정확히 알고 움직이면 괜히 체력과 감정을 소모하지 않고, 쓸데없이 싸우지 않을 수 있다. 결국, 힘이 세고 무작정 나아가는 사람이 이기는 것이 아니라, 판을 읽고 그 약점을 찾아 작은 한 방을 치는 사람이 이긴다. 그러니, 무언가를 할 때 일단 시도하는 것도 좋지만, 무작정 하지 말고 그 구조와 상황을 읽을 줄 아는 사람이 되자. 그렇게 된다면 비록 실패하더라도 크게 잃지는 않을 것이다.

"설령 당장 싸우지 않더라도 적의 상황을 정확히 알면
방어 전략을 세우는 데 유리할 것이다."

Chapter. 08

왜 그릇을
키워야 하는가

세종대왕

그릇이 좁을수록
감정을 다스리지 못한다

세종이 즉위한 지 3년째 되던 해, 김계현이라는 사람이 박인간과 그 일당을 의금부에 고발한 사건이 있었다. 당시 의금부는 그 고발에 대한 진위를 파악하기 위해 심문을 하려 했는데, 사실상 의금부의 심문은 고문을 전제로 한 심문이었다. 그래서 박인간과 그 일당은 곧 매를 맞고 고통받을 처지였다. 고문이 시작되기 직전, 김계현의 두 아들이 의금부로 달려와 말했다. "저희 아버지는 마음의 병을 앓고 있습니다. 아버지가 한 말은 정상적인 판단에서 나온 말이 아니니, 그 진술을 사실로 믿어서는 안 됩니다." 그 후 김계현 본인도 자신의 말이 사실이 아니라는 점을 인정했다. 그의 진술은 악의적인 모함이라기보다, 병과 공포심에서 나온 거짓 자복에 가까웠다. 이 보고를 받은 세종대왕의 반응은 뜻밖이었다. 그는 기쁜 얼굴로 이렇게 말했다. "나도 진실로 그의 무고함을 의심하였다. 죄 없는 자가 매를 맞을까 염려하였더니, 이제 한 사람도 매를 치지 않고 실정을 얻게 되었으니, 즐거운 일이다." 세종은 조선의 왕이었기에 거짓말로 왕을 기만한 김계현을 엄벌할 수 있었다. 아니, 엄벌해야 마땅했다. 왕에게 거짓 진술로 사람을 위험에 빠뜨렸고, 나라를 대상으로 한 거짓 신고였기 때문이다.

하지만 세종대왕이 기뻐한 이유는 거짓을 말한 사람을 가려냈기 때문이 아니라, 무고한 사람을 다치지 않게 했기 때문이다. 그래서 그는 진위가 밝혀지자마자 박인간 등을 즉시 석방했고, 거짓 고발자인 김계현조차 병이 위독하다는 이유로 사면했다. 이는 그릇이 큰 사람만이 취할 수 있는 판단이다. 세종대왕도 당연히 거짓을 고한 김계현을 무고죄로 처벌할 수 있었다. 하지만 거기서 벌을 내렸다면, 정신이 온전하지 못한 아버지를 둔 아들들은 눈물을 흘렸을 것이다. 아무도 다치지 않았으니, 세종대왕은 모두의 심정을 헤아려 그마저도 풀어준 것일지도 모른다. 그릇이 큰 사람은 자신의 기분이나 감정보다, 피해를 줄이고 상황의 흐름을 바꾸는 데 에너지를 쏟는다. 반대로 그릇이 작은 사람들은 보는 시야가 좁아서 그 문제만 빨리 해결하려고 한다. 타인의 일이니 잘되든 못되든 상관없지 않을까 생각할 수도 있지만, 그 순간을 함께한 사람들은 상대방이 어떤 태도를 취했는지를 기억한다. 자신의 일이 아니라고 대충 해결하는 사람도, 한 명 한 명을 아끼려는 사람도, 말을 안 할 뿐 모두 또렷이 기억한다. 아마도 신하들은 그가 기뻐하고 모두를 풀어준 모습을 보고 그를 더욱 높이 평가했을 것이다.

우리는 넓게 볼 줄 아는 시야를 배워야 한다. 타인의 기분까지 생각하고 움직인다고 계산적인 사람이라 생각할 수도 있지만, 타인의 감정까지 읽고 그것을 자신의 이익이 아닌 모두에게 이롭게 행동하는 사람은 큰 그릇을 가진 사람이다. 사람들은 누군가에게 상처받거나, 잘못된 일을 알게 되면 곧장 분노하고 화를 낸다. 하지만 그런 잠깐의 감정으로 인해 내 주변 사람을 얼마나 상처 주고 힘들게 하는지는 생각하지 않는다. 단언컨대, 생각보다 그 여파는 넓게 퍼져나간다. 예를 들어 누군가 이간질을 하는 모습에 화가 나 대놓고 회사에서 싸운다면 그 회사 분위기는 내 순간의 화로 인해 험악해진다. 또 친구가 거짓 소문을 퍼트렸다고 나 또한 거짓 소문을 퍼트린다면 그로 인해 다른 친구와도 거리가 멀어질 수가 있다.

이건 나의 감정으로 인해 아무 관련 없는 이들의 하루까지 망치는 꼴이다. 그래서 화가 날수록 내가 옳다는 것을 증명하기 위해, 몇 명을 힘들게 하고 있는지 생각해야 한다. 물론, 누군가가 나에게 해악을 가했다면 화가 나고 복수하고 싶은 마음은 당연하다. 그러나 그 분노를 어떻게 표현할지는 선택의 문제다. 그 선택의 갈림길에서 우리는 넓게 바라볼 것인지, 아니면 좁게 그 문제만 보고 폭군이 될 것인지는 본인의 몫이다. 한 번 뱉은 말은 되돌릴 수 없고, 무심코 한 행동은 상대의 기억 속에서 지울 수가 없다. 그렇다고 우리가 매번 그 처럼 바른 판단을 할 수는 없지만, 적어도 무고하고 내 가 사랑하는 사람들에게까지 상처 입히지 않는 현명한 어른은 될 수 있다.

**"나도 진실로 그의 무고함을 의심하였다.
죄 없는 자가 매를 맞을까 염려하였더니,
이제 한 사람도 매를 치지 않고 실정을 얻게 되었으니,
즐거운 일이다."**

002

판단하기 전에
자신을 돌아보라

유독 남의 잘못된 부분을 잘 보는 사람이 있다. 이들은 대개 작은 실수도 그냥 넘기지 않고, 옳고 그름을 누구보다 빠르게 판단한다. 주변에서는 이들을 '사람을 잘 볼 줄 아는 사람'이 생각한다. 그러나 이런 사람들의 공통적인 특징이 있다. 남을 판단하는 데는 정확하지만, 자기 자신을 돌아보는 데에는 인색하다는 점이다. 판단은 잘하는데 본인의 행동은 조심스럽지 않고, 남에게는 기준은 높은데 그 기준을 자기에게는 관대하게 적용한다. 세종대왕은 이런 유형의 사람을 정확히 꿰뚫어 보았는데 그의 주변에는 김점이라는 자가 그랬다. 세종대왕이 정사를 마친 뒤, 대신들과 김점이라는 인물의 부정한 행위를 논의한 적이 있었다. 그는 평소 남의 잘못된 부분을 잘 파악해 바르다는 명성을 얻고 있었다.

그러나 실상을 들여다보니 꼭 그렇지만은 않았던 것이다. 이를 알게 된 세종은 그를 두고 이렇게 말했다. "김점이 평소에 남의 과실 말하기를 좋아하여, 바르다는 이름을 들었으므로, 나는 그가 누명을 썼나보다 하였더니, 이제야 그의 실지를 숨기지 못하고 드러났구나." 이 말에는 비난보다 더 무거운 통찰이 담겨 있다. 남의 잘못을 자주 말한다고 해서 그 사람이 곧 바른 것은 아니라는 것이다. 자신이 속 편하고자 하는 조언은 조언이 아니다. 조언할 때 중요한 것은 그 안에 우월감이나 분노가 섞이지 않는 것이다. 진정으로 바른 사람은 타인의 허물보다 자신의 허물부터 먼저 돌아본다.

그 이유는 거짓말로 상황을 모면해 본 적이 없는 사람은 상대의 말이 맞지 않아도 의심보다 신뢰를 먼저 하고, 상대를 돌려 까본 적이 없는 사람은 좋은 말은 그냥 좋은 마음에서 나온 거라 믿기 때문이다. 그래서 상대가 나를 비꼰다면 그것이 그 사람의 허물이라고 보지 않고, 스스로에게 문제가 있지는 않은지 먼저 되돌아본다. 이것이 타인의 허물을 먼저 지적하기보다, 자신의 허물을 먼저 돌아보아야 하는 이유다. 그렇다고 상대의 잘못됨을 말하지 말라는 것은 아니다. 자신에게는 관대할 수 있는 것들을, 타인에게는 엄격하게 그 잣대를 들이미는 사람이 되지 말라는 것이다. 무엇보다 팍팍한 세상 속에서 그들도 자신만의 전쟁을 하고 있을 터이니, 너무 가혹하게 대하지 않도록 주의하자.

"나는 그가 누명을 썼나보다 하였더니,
이제야 그의 실지를 숨기지 못하고 드러났구나."

003

스스로 모르는 게 없다고
생각하지 마라

세종대왕이 경연을 하다가 이해하기 어려운 부분을 발견했는데 이를 경연관들에게 물었다. 그런데 모두가 대답하지 못하자 세종대왕은 이런 말을 했다. "이것은 의심할 만하나, 지금 당장 억지로 결론 내리려 하지 않는 게 맞다. 대개 그 의심할 만한 것을 알고 더욱 연구하면 결국 얻는 것이 생긴다. 무릇 배우는 자들이 스스로 모른다고 하는 것은 괜찮다. 다만, 스스로 모르는 게 없다고 생각하는 사람은 평범한 수준에 머무는 사람이다. 그러니, 자신이 모르는 것이 있다는 사실을 부끄럽게 여기지 말라." 세종대왕은 모르는 경연관들을 나무라지 않고, 모른다는 것을 아는 것, 그리고 그것을 솔직하게 인정하는 것이야말로 배움의 시작이라 했다.

그런데 사람들은 모르는 것을 쉽게 드러내지 않는다. 누군가 비웃을까 봐, 놀릴까 봐, 모르면 모른다고 말하지 못한다. 그러나 배움은 첫입부터 맛있는 인스턴트 같은 음식이 아니라, 몸에 쓴 한약 같은 것이다. 볼 때는 그 쓴맛을 모르지만, 배우면 고통을 동반하고, 인내와 끈기를 시험당한다. 그러나 마지막까지 남는 사람을 보면 똑똑한 사람이 아니라, 진득하게 그것을 버틴 사람들이다. 그래서 우리는 모른다는 사실을 부끄러워하지 말고, 알고 있어도 "내가 모르는 사실이 있을 수도 있겠다"는 마음으로 늘 배우려는 자세를 가져야 한다. 배움에는 늦은 나이란 없고, 스스로 한계를 긋는 마음만 있을 뿐이다. 계속해서 묻고, 고쳐 보고, 새롭게 이해하려는 사람에게 배움은 언제나 진행형이다. 이런 자

세를 가질 수 있는 사람만이 무한한 성장의 가능성과
끝까지 남는 사람이 될 것이다.

"스스로 모르는 게 없다고 생각하는 사람은
평범한 수준에 머무는 사람이다."

004

소인들이 하는 짓을
하지 마라

사헌부의 최호생이 사리전 건물을 지금 당장 수리하지 말고, 풍년이 들 때까지 잠시 멈추자는 건의를 한 적이 있었다. 흉년인 해에 공사를 진행하는 것은 부담이 크다고 본 것이다. 하지만 세종의 생각은 달랐다. 지금 고치지 않고 1년을 더 미루면, 오히려 건물이 더 상해 나중에는 몇 년의 비용과 에너지가 더 들 수 있다고 판단했다. 이에 최호생은 반박했다. "설령 1~2년이 지나더라도 당장 무너지지는 않을 것이며, 혹 무너지더라도 임금이 왕실 유산의 건물을 소홀히 했다고 비난할 사람은 없을 것입니다." 그러자 세종대왕은 단호하게 답했다. "명예를 좋아하는 것은 소인이 하는 짓이다. 내가 어찌 명예를 좋아해서 하는 것이겠는가." 최호생은 세종이 비난이 두려워 수리하려 한다고 생각했지만, 세종은 자신의 '명예'보다 '필요'에 의해 결정하는 왕이었다. 실제로 그런 그의 판단이 대부분 훌륭한 결과를 보여주었다.

세종처럼 큰일을 하려면 자신의 체면을 내려놓을 줄도 알아야 한다. 그렇지 않으면, 그 결정에 사사로운 감정이 개입되기 때문에, 그 작은 자존심 하나에 큰 손해를 보게 된다. 하고 싶은 일보다 보기 좋은 일을 택하고, 필요한 결정보다 욕먹지 않을 선택을 하기 때문이다. 이런 부분에서 소인과 대인도 갈리는 것이다. 칭찬과 인정받기 위해 노력하는 것이 처음에는 좋아 보일수는 있지만, 그것은 자신이 원하는 것이 아닌 타인의 기준이다. 사람의 마음은 나이를 먹고, 상황과 환경이 바뀔 때마다 그 가치관이 바뀌게 된다. 그래서 예뻐 보였던 것들이 싫어지고, 싫었던 것들이 좋아지게 된다.

그렇게 한결같지 않은 타인의 기준을 잣대로 삼는다면 그 사람들의 반응이 바뀌는 순간 내 인생도 뿌리째 흔들리게 된다. 타인의 칭찬을 좋아하고 타인의 비판에 판단이 바뀌는 사람은 소인일 수밖에 없다. 물론, 이 세상에 사랑받고 싶지 않은 사람은 없지만, 그것이 내가 하려는 일의 목적이 되어서는 안 된다. 그들이 나를 보며 열광하는 것은 길어야 석 달이지만, 내가 만족하는 삶은 평생 간다. 세종처럼 명예를 좇지 않고 스스로 부끄럼 없는 삶을 살면 명예는 따라오게 되어 있고, 평판을 좇지 않고 필요로 움직이면 좋은 평판이 들리게 되어 있으며, 인정을 좇지 않고 자신을 믿을 수 있는 사람이 되면 인정받는 대인이 될 것이다.

"명예를 좋아하는 것은 소인이 하는 짓이다."

005

말은 자유로울 때만
진실해진다

혹시 유독 사람들이 나와 대화할 때, 묻는 말에 대한 답을 하기보다 설명을 먼저 할 때가 많은가. 그래서 내가 남들보다 좀 더 '똑똑한가'라는 생각이 들고, 사람들이 답답해 보이는가. 그렇다면 한 번쯤은 자신이 상대방과 대화할 때, 어떻게 반응하고, 어떤 말을 하고 있는지를 돌아볼 필요가 있다. 왜냐하면 한두 명이 아니라 여러 명이 그렇다는 것은, 당신의 말과 행동이 공격적으로 상대에게 느껴졌을 수도 있기 때문이다. 사람은 상대의 말이 공격적으로 들릴 때, 자연스럽게 위축되게 되는데 이런 공격적인 느낌을 몇 번 받으면, 그 사람은 심리적으로 상대를 만났을 때 방어기제가 작동하게 된다. 그래서 대화하게 되면 대답하기도 전에 머릿속으로 "내가 말하면 또 이상하게 보겠지?", "이렇게 말하면 또 비꼬겠지?"라고 생각한다. 세종대왕은 이런 위험성을 잘 알고 있어 신하들의 말을 함부로 끊지 않았다. 실제로 그의 성격을 잘 보여주는 사건이 있었다. 권도라는 사람이 최양선의 풍수지리 주장과 궁궐 이전에 관한 말들을 허황하고, 이단적이며, 간사한 아첨이라며 강하게 비판한 상소를 올린 적이 있었다. 그 상소에는 "호걸이 날까 봐 압승술로 막으려 한다"라는 말이 있었는데 이 뜻은 "이 땅에서 장차 나라를 위협할 만한 인물이 나올까 봐, 일부러 풍수나 주술 같은 술법을 써서 그 기운을 눌러 막으려 한다"라며 비꼰 것이었다.

그러나 권도의 무례한 말을 들은 세종대왕은 그를 혼내지 않고 이렇게 말했다. "대저 신하가 임금을 사랑하고 나라를 근심하여 숨김없이 진술하는 것은, 말이 비록 맞지 않더라도, 나라를 근심하는 그 충성은 지극한 것이다. 그러나 '혹시 호걸이 나더라도'라고 말했다는 것은 최양선이 말한 바가 아니요, 또한 내가 말한 바도 아니었다. 어찌 술법을 생각해서 감히 이런 일을 할 것인가. 결코 그럴 리가 없다. 또한 최양선이 임금을 꾀어 잘못된 길로 유혹하니 더할 수 없는 소인이라고 했는데, 최양선이 비록 인품이 기대에 미치지 못할지라도, 자기가 평소 전공해 온 분야를 근거로써 소견을 가지고 말한 것이 가히 충직하다고 할지언정, 어찌 교활하다고 하겠는가." 세종대왕은 나라를 걱정하고 임금을 위해 나온 말이라는 점에서 권도를 그르치기보다는 보호하면서도, 최양선이 말한 의도와 임금의 뜻을 왜곡하여 단정 지어 말한 것에 대해 강하게 지적했다.

사람은 자신이 말할 때 상대가 본래의 의도를 이해하려 하지 않고, 비꼬거나 왜곡된 해석으로 받아들이기 시작하면 더 이상 소신 있게 자신이 하고 싶은 말을 하지 못하게 된다. 그때부터 필요한 답을 하려 하지 않고, 자신의 말이 오해받지는 않을까 먼저 생각하게 된다. 즉, 나를 이상한 사람으로 몰아가면 사람은 점점 조심스러워지고, 솔직한 말은 하지 못하게 된다는 것이다. 그래서 만약 사람들이 내 앞에서 점점 말을 아끼고, 질문 하나에도 자꾸 부가적인 말을 덧붙인다면, 그건 그들이 부족해서라고만 보아야 할 것이 아니라, "나와의 대화가 안전하지 않다고 느끼고 있나?"라며 한 번쯤은 생각해 보아야 한다.

**"자기 소견을 가지고 말한 것이 가히 충직하다 할지언정,
어찌 교활하다고 하겠는가."**

006

고의가 아니라면
관용을 택하라

세종대왕이 온천에 있는 행궁에 간 적이 있었다. 그곳에 도착하자 서울에서 따라온 군사들과 근무 교대 중 쉬는 차례였던 자들 모두 돌려보냈다. 그래서 그곳에 주둔하며 임금을 호위하던 기병은 겨우 300명뿐이었다. 그럼에도 세종대왕이 도착하자 선비와 백성들이 구름처럼 몰려들었고, 머리를 풀어 헤친 아이들과 흰머리의 노인들이 임금의 수레를 바라보고 있었다. 그런데 어떤 사람이 말을 타고 그의 수레 곁을 지나갔다. 당시 시대적 배경이라면 말에서 내려 예를 표하는 것이 예의이자 원칙이었다. 이를 본 담당 관리들이 그 사람에게 죄를 주자고 청하자, 세종대왕은 말했다. "무지한 소인을 어찌 죄주겠느냐." 세종이 말한 것은 무시보다 관용이었다. 세종임을 알지 못했을 '일반 백성'의 행동이 고의가 아니니 굳이 처벌할 필요는 없다고 한 것이다.

이는 오늘날에도 우리가 한 번쯤 생각해 봐야 할 관용이기도 하다. 왕과 백성, 양반과 노예가 없는 시대에 살고 있지만, 그만큼 자신의 선을 넘으면 화가 치밀어 오르는 세상에 살아가고 있기 때문이다. 그런 세상에서는 관용이 보편적일 필요가 있다. 우리는 누군가가 나의 '선'을 침범했다고 느끼는 순간, 그것이 고의인지 실수인지를 따지기보다 먼저 화부터 낸다. 그런데 세종이 보여준 것은 실수와 잘못을 먼저 보는 것이 아니라, 그것이 고의였는지를 먼저 보았다. 즉, 화내는 것보다 "저 사람이 왜 저랬을까"라는 생각 하나가 분노를 관용으로 바꾼 것이다.

오늘날 우리에게 부족한 것은 어쩌면 용서의 기술이 아니라, 상대를 이해하려는 마음일지도 모른다. 모든 사람이 나의 기준과 문화와 배경을 이해하고 있지 않다. 내가 당연하다고 여기는 것이 누군가에게는 생소할 수 있고, 내가 무례하다고 느끼는 행동이 그에게는 무지함에서 비롯된 것일 수 있다. 그래서 그런 것에 너무 화를 내기보다 고의가 없다면, 한 번쯤은 눈살을 찌푸리기보다 다정한 미소로 넘겨주어도 된다. 이런 말을 본 적이 있다. 똑똑함이 자신을 위한 지능이라면, 다정함은 타인을 위한 지능이다. 옳고 그름을 판단하는 똑똑함은 중요하지만, 모든 상황이 흑백으로 나뉘지는 않는다. 그렇기에 똑똑하게 나를 지키는 지능을 가졌다면, 타인을 위한 지능도 키워 볼 필요가 있다.

"무지한 소인을 어찌 죄주겠느냐."

Chapter. 09

목표를 이뤘다면
그 다음은
무엇을 봐야 하는가

세종대왕

이루었다면
주변부터 돌아보라

조선이 여진 세력을 토벌해 크게 승리했다. 그 직후 보통이라면 승리를 자축하고 공을 논할 텐데, 세종은 최고의 실세인 대신들을 불러 말했다. "지금 군사를 일으켜 서쪽을 정벌했기 때문에, 동맹 관계에 있는 가첩 목아 역시 의심을 품고 두려워하며 편히 지내지 못하고 있을 것이다. 나는 술과 음식을 보내 그들의 마음을 안심시키고 싶다. 그러나 예전에 경인년에도 술과 음식을 보낸 뒤 곧 토벌한 일이 있었고, 최근에는 최윤덕이 이만주에게 술과 음식을 준 뒤 바로 공격한 일도 있었다. 이런 전례가 있으니, 지금 우리가 다시 사람을 보내 음식을 준다면 저들이 우리의 뜻을 제대로 알지 못하고 오히려 더 의심하여 끝내 마음을 놓지 못할 수도 있다. 이를 어떻게 처리하는 것이 좋겠는가." 이에 대신들이 대답했다. "지난해 이만주가 우리 백성 포로를 돌려보낼 때 맹가첩목아도 협력한 바 있습니다. 그런데 이제 이만주를 간사하다 하여 토벌하였으니, 맹가첩목아가 의심을 품는 것도 무리는 아닐 것입니다. 그렇더라도 사람을 보내 술과 음식을 주고 신의로써 대접한다면, 비록 처음에는 의심하더라도 시간이 지나면 반드시 우리나라의 진심을 알고 편안히 지낼 것입니다. 그러니 사람을 보내어 타일러 알리는 것이 옳겠습니다."

세종은 승리의 기쁨보다, 그 승리가 남길 여파를 먼저 보았다. 전쟁에서 이겼다고 해서 모든 관계가 깊어지는 것은 아니다. 오히려 힘의 균형이 흔들리는 순간, 동맹은 가장 불안해한다. 강해진 쪽은 안도하지만, 옆에 선 자는 '이제 저 힘이 나를 향하지는 않을까?' 하고 마음을 졸이게 된다. 그래서 세종은 '전쟁에서 이긴 뒤, 저들은 어떤 마음일까'부터 생각했다. 승리의 기쁨보다, 상대의 불안을 먼저 계산한 셈이다. 이는 동맹뿐만 아니라, 관계도 똑같다. 내가 더 잘나가고, 더 성장하고, 인정받기 시작하면 주변 사람들은 축하하면서도 묘한 열등감과 긴장을 느끼게 된다. 그리고 그 긴장감을 무시하면 거리가 생기는 것이고, 먼저 손을 내밀면 신뢰가 깊어지는 것이다.

그래서 무언가를 이뤄냈다면, 기고만장해야 할 것이 아니라, 나를 시기하고 질투하지 않는 사람일지라도, 그런 이들에게 더욱 손을 내밀 줄 알아야 한다. 사람의 악함은 약자를 대할 때 드러난다면, 사람의 교만은 성공할 때 드러난다. 부족할 때는 누구나 겸손할 수 있다. 하지만 성공하고 나를 건드릴 사람이 없을 때 겸손하기란 쉽지 않다. 결국 성공한 이후가 진짜 겸손함이 드러난다. 그래서 내가 원하는 자리에 올라섰다면, 주변을 돌아볼 줄 알아야 한다. 내가 빛날수록 누군가는 그림자에 가려지게 되는데 그때 손을 내밀 수 있는 사람만이 오래도록 신뢰를 얻을 것이다.

"나는 술과 음식을 보내
그들의 마음을 안심시키고 싶다."

002

한 번의 성공은 운이지만
그것을 지켜내면 실력이다

세종대왕은 승리 후 동맹국도 보았지만, 승리를 어떻게 오래 보전할 것인가도 고민했다. 그래서 또다시 대신들에게 물었다. "내가 왕위에 오른 뒤로 줄곧 행정 업무에 힘을 두고 군사에는 마음을 두지 않았다. 내가 어찌 큰일을 벌여 공을 세우는 것을 즐겨 야인을 정벌하였겠는가. 적이 먼저 우리에게 해를 끼쳤기에 부득이하게 나선 것이다. 다행히 크게 이겼으니 기쁜 일이나, 한편으로는 두렵기도 하다. 지금은 비록 성공하였으나,

이 공을 어떻게 지켜 영구히 후환을 없앨 것인지가 더 중요하다." 이에 신하들이 대답했다. "승리를 자랑하고 기뻐하는 것을 옛사람은 경계하였습니다. 전하께서는 크게 이기고도 기뻐하기보다 두려워하시니, 참으로 아름다운 뜻입니다. 성책을 더욱 굳게 하고 군량을 충분히 마련하며, 예기치 못한 사변에 대비해 늘 공경하고 두려워하는 마음을 지닌다면 후환은 없을 것입니다."

세종대왕은 한 번의 승리로 만족하는 사람이 아니었다. 그는 이겼다는 사실보다, 그 승리를 어떻게 지켜 낼 것인가를 먼저 생각했다. 진짜 실력은 결과를 만들어 내는 데서 끝나지 않는다. 그 결과를 오래 유지하는 힘에서 드러난다. 사람은 목표를 이루는 순간 긴장이 풀어진다. 시험에 합격하면 공부를 멈추고, 계약을 따내면 관리를 소홀히 한다. 그러나 위기는 패배 뒤에 오는 것이 아니라, 오히려 성공 뒤에 따라오는 경우가 더 많다. 바로 그때, 그것이 운이었는지 실력이었는지가 드러난다. 운으로 잘된 사람은 쉽게 풀어진다. 긴장이 사라지면 태도가 흐트러지고, 실력은 조금씩 떨어진다. 결국 사람도 하나둘 떠나간다.

반대로 실력으로 이룬 사람은 성공 이후에도 멈추지 않는다. 꾸준히 배우고, 스스로를 점검하며, 결과를 지켜 내기 위해 다시 노력한다. 그래서 사람도 남고, 기회도 이어진다. 한 번의 성공은 운일 수 있다. 그러나 그 성공을 유지하는 힘은 실력이다. 만약 지금의 성과가 운처럼 느껴진다면, 그것에 취해 멈춰 서는 것이 아니라, 운이 실력이 될 때까지 멈추지 말고 노력하라. 그것을 지켜 낸 자가 진정한 실력자가 될 것이다.

"지금은 비록 성공하였으나,
이 공을 어떻게 지켜 영구히 후환을 없앨 것인지가
더 중요하다."

003

큰일을 해내면
뒷말이 따라오기 마련이다

전쟁이 끝난 뒤에는 또 다른 싸움이 시작된다. 칼을 맞대던 적과의 싸움이 아니라, 사람들의 말과 소문이 만드는 싸움이다. 내가 잘나고, 성공하고, 공을 세우면 좋은 말도 들리지만, 분명 좋지 않은 말도 함께 따라온다. 어찌 보면 당연한 일이다. 빛이 강해질수록 그림자가 뚜렷해지듯, 존재감이 커질수록 말도 많아지는 법이다. 조선 시대에는 이온이라는 장수가 이런 일을 겪었다. 그가 공을 세우자, 조선 사람의 귀를 베고 상을 받았다는 소문이 돌았던 것이다. 이는 세종대왕의 귀에 들어왔는데 세종대왕은 이렇게 판단했다. "이온이 우리나라 사람의 귀를 베고 상을 받았다고 하니, 결코 가볍게 넘길 일은 아니다. 그러나 그것이 사실인지 아닌지 나는 아직 분명히 알지 못한다. 만약 부지휘관의 말만 듣고 대장을 처벌한다면, 이는 나라가 무장을 다루는 체통을 잃는 일이 될 것이다. 앞으로 이런 일이 반복되도록 두어서는 안 된다. 예로부터 변방의 장수들이 큰 공을 세우고 돌아오면, 반드시 이런저런 시끄러운 말이 따라오기 마련이다. 예전에 이정 또한 여러 소인들의 비방을 피하지 못했다. 그러니 지금은 이온의 일을 성급히 말하지 말자."

내가 큰일을 해내면 좋은 말도 들리지만, 이처럼 안 좋은 말도 들리게 되어 있다. 그래서 사람들은 그 억울함을 견디지 못하고 싸우려 든다. 하지만 이럴 때일수록 더 참아 볼 필요가 있다. 세종대왕이 이런 말을 했다. "적이 와서 침노하면 장수 된 자가 적을 가볍게 여기고 나가서 싸우다가 패전하는 것은 예나 이제나 항상 걱정하는 것인데, 지금 적을 토벌한 뒤인지라 만일 적이 보복하러 와서 침범하면 가볍게 대적할 수 없으니, 지금부터 장수로 하여금 비록 적이 도발하더라도 조심해야 한다. 가볍게 동하지 말고, 성벽을 굳게 지키며 기다리다가 칠 만한 형세가 이루어진 뒤에 기회를 살펴서 추격하여 잡는 것이 어떤가." 세종대왕은 이길 수 있다고 무작정 가서 싸우지 말고, 준비가 되면 움직이라고 말한다. 강자가 약자에게 지는 일은 흔하지 않지만, 질 때도 있다. 당연하게 이길 것이라 생각해 준비를 느슨하게 하고, 상대를 가볍게 여기는 그 작은 방심이 강자를 약자에게 지게 만든다.

이는 사람 관계에서도 마찬가지다. 나에게 열등감을 느끼고 모진 말과 거짓말로 나를 깎아내릴 때, 나에게 힘이 있다고 바로 반박하는 것이 꼭 현명한 방법은 아니다. 준비되지 않은 사람은 아무리 강자라 해도 잔꾀에는 당할 수밖에 없다. 아무리 똑똑한 사람이라도 화가 나면 흥분하고, 하지 말아야 할 말까지 하게 된다. 오히려 화를 내기보다 먼저 조용히 생각해 보면, 내가 한 일이 아닌 것에 화를 내며 반박할 필요까지는 없다는 것을 깨닫게 될 것이다. 그래서 성공하거나 높은 위치에 올랐을 때, 누군가 나에 대해 이상한 소문을 퍼트린다고 굳이 나의 부족한 모습을 보여주면서까지 부딪칠 필요는 없다. 그저, 그 자리에서 묵묵히 자신의 일을 하며 성장하고 있다 보면, 점점 그 말들은 사라지게 되어 있다. 또한 그렇게 나를 함부로 대할 수 없을 만큼 커졌을 때, 혹은 자신의 소문이 사실이 아님을 정확하게 보여줄 수 있을 때 당당히 말해도 늦지 않다. 어차피 내가 아무리 변명해도 믿을 사람은 믿고 안 믿을 사람은 안 믿기 때문이다.

**"큰 공을 세우고 돌아오면,
반드시 이런저런 시끄러운 말이 따라오기 마련이다."**

004

내일은 알 수 없으나
오늘은 선택할 수 있다

세종은 나이가 들며 병이 생기기 시작했다. 점점 몸이 아파지자, 대신들에게 뜻밖의 말을 전했다. "내선(왕위를 물려주는 일)은 요·순 이후로도 드문 일이었고, 대부분 좋은 상황에서 이루어진 것이 아니었다. 우리나라역시 과거의 내선은 모두 예상치 못한 일이 있었기에가능했던 일이었다. 그러나 지금을 보라. 재해는 이어지고, 내 병은 낫지 않으며, 두 아들을 연달아 잃었다. 이는 하늘이 나를 돕지 않는다는 뜻이 분명하다. 병으로 조회도 제대로 받지 못하고, 사신도 직접 만나지 못하며, 제사조차 몸소 챙기지 못하고 있다. 깊은 궁궐 안에서 환관(비서)을 통해 명령을 내리니 잘못이 생길 수밖에 없다. 임금의 직책이 과연 이래도 되겠는가. 세자로 하여금 왕위에 나아가 정사를 맡게 하고, 나는 물러나 군사와 국가 중대사는 직접 결정하고자 한다. 이것은 과거의 내선과는 다르다. 경들은 그리 알라."

그러자 대신들은 크게 놀라 울면서 말했다. "전하, 어찌 이런 말씀을 하시옵니까. 연세도 한창이시고, 비록 병환이 있으셔도 총명함은 변함없으십니다. 왕자의 죽음 역시 하늘의 경고라 볼 수 없으며, 수명의 길고 짧음은 본래 정해진 것입니다. 지금도 국정 운영에는 문제가 없습니다. 작은 일은 문서로 처리되고, 큰일은 세자께서 직접 논의하여 시행하니 실수가 없습니다. 전하께서 내선의 어려움을 잘 아시면서 이를 따르려 하시니 신들은 그 옳음을 모르겠습니다. 더구나 연이어 내선이 이루어진다면 중국 조정이 이를 어떻게 보겠습니까. 국가의 법도와 체면에 관한 문제이옵니다. 부디 이 명을 거두시옵소서. 신들은 죽는 한이 있더라도 이 교지를 따를 수 없습니다." 세종은 뜻을 굽히지 않으려 했지만, 대신들은 밤이 깊도록 끝까지 반대했다. 이튿날에도 간언이 이어지자 세종은 마침내 말했다. "장래의 일은 성인이라도 알기 어렵다. 훗날 내선이 이루어질지는 단정할 수 없으나, 오늘만큼은 경들의 뜻을 따르겠다."

그렇다. 장래의 일은 누구도 확신할 수 없다. 아무리 뛰어난 사람도, 부자도, 미래를 단정할 수는 없다. 그런데 우리는 안 좋고 어렵고 힘든 일을 겪고 싶지 않다며 내일을 예측하고 원하는 대로 되게끔 악을 쓴다. 그러다 자기 뜻대로 되지 않으면 세상살이 참 힘들다며 화를 내고 괴로워한다. 심지어 심한 사람들은 인생을 포기할까도 생각한다. 하지만 그 누구도 자신의 미래를 알 수 없다. 그래서 진짜 중요한 것은 확실한 미래를 아는 것이 아니라, 불확실함 속에서 어떻게 살아가는가이다. 미래는 단정할 수 없기에 하루하루가 불확실하지만, 적어도 오늘만큼은 스스로 선택할 수 있다. 그리고 그 작고 별것 아닌 것 같은 선택이 미래를 만든다. 그러니 아직 오지도 않은 미래를 지나치게 두려워하지 말고, 어차피 알 수 없는 영역이라면, 오늘 내가 하고 싶고, 도전해 보고 싶은 것들을 더욱 도전해 보자. 미래는 통제할 수 없지만 오늘의 태도는 언제나 선택할 수 있다. 그렇다면 당신은 어떤 선택을 하고 싶은가? 완벽한 삶을 원하는가? 아니면 완벽하진 않아도 오늘 나의 행복을 위해 살아가고 싶은가? 잘 생각해 보길 바란다.

"장래의 일은 성인이라도 알기 어렵다.
훗날 내선이 이루어질지는 단정할 수 없으나,
오늘만큼은 경들의 뜻을 따르겠다."

고기는 씹을수록 맛이 난다.
그리고 책도 읽을수록 맛이 난다.
다시 읽으면서 처음에 지나쳤던 것을 발견하고
새롭게 생각하는 것이다.
말하자면 백 번 읽고, 백 번 읽히는 셈이다.

남의 불행을 만들지 말며,
내 불행을 내가 스스로 만들지 말라

길은 험하되 언제나 길은 있다.

무엇이든 넓게 경험하고 파고들어
스스로를 귀한 존재로 만들어라.

241

관직이란 내가 마음에 드는 사람을 앉히는 자리가 아니라,
그 임무를 가장 잘 해낼 수 있는 사람을 임명하는 것이다.

남을 너그럽게 받아들이는 사람은 사람의 마음을 얻고,
위엄과 힘으로 다스리려는 자는
사람들의 노여움을 사게 된다.

그대의 자질은 아름답다.
그런 자질을 가지고 아무것도 하지 않겠다 해도
내 뭐라 할 수 없지만,
만약 온 마음과 힘을 다해 노력한다면
무슨 일인들 해내지 못하겠는가.
그러니, 부디 포기하지 말라.
사람들의 노여움을 사게 된다.

그대는 인생에서
무엇을 놓치고 있는가

ⓒ이근오

초판 1쇄 인쇄 2026년 3월 12일

엮은이 이근오
기 획 조영훈
편 집 조영훈
디자인 김지혜
마케팅 정호윤, 김민지, 송유경, 김은주, 최서환
펴낸곳 모티브
이메일 motive@billionairecorp.com

ISBN 979-11-24370-13-1 03150